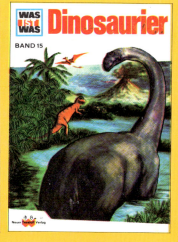

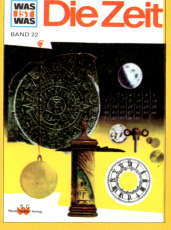
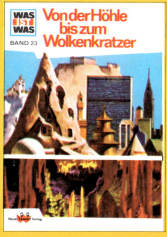

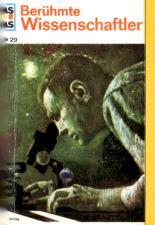
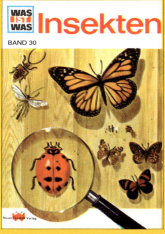

Ein WAS IST WAS Buch

CHEMIE

von Martin Keen

Jllustrationen von Walter Ferguson
und Anne-Lies Jhme
Wissenschaftliche Überwachung durch
Dr. Paul E. Blackwood

NEUER TESSLOFF VERLAG · HAMBURG

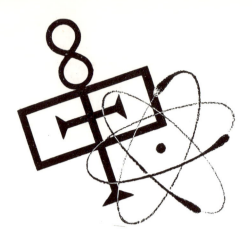

Vorwort

Woraus bestehen die Dinge um uns? Und woraus bestehen wir selbst? Mit diesen und ähnlichen Fragen beschäftigt sich das Buch CHEMIE der WAS IST WAS-Reihe. In unserer Welt gibt es so viele verschiedene Stoffe, daß solche Fragen nicht leicht zu beantworten sind. Schon im Altertum suchten die Menschen nach Antworten; sie taten es weiter in den Hexenküchen der mittelalterlichen Alchemisten, und sie tun es noch heute in den Laboratorien der modernen Forscher und der Industrie.

Einst glaubte man, daß alle Dinge aus Gemischen von Feuer, Wasser, Luft und Erde bestünden. Heute, 1000 Jahre später, weiß man, daß das nicht stimmt. Man hat erkannt, daß alle Materie sich nicht aus vier, sondern aus mindestens 105 verschiedenen Grundstoffen, den sogenannten „Elementen" zusammensetzt.

Dieses WAS IST WAS-Buch erzählt die lange und spannende Geschichte der Chemie. Es berichtet von den Eigenschaften einiger Elemente und davon, wie sie entdeckt worden sind. Und es gibt schließlich Antworten auf viele Probleme, die noch vor kurzem als unlösbar galten oder noch gar nicht bekannt waren.

Wie kommt es zum Beispiel, daß Kohlenstoff, ein ganz gewöhnliches Element, in soviel verschiedenen Formen erscheint: als Ruß aus dem Schornstein, als Graphit („Blei") in einem Bleistift und manchmal sogar, und das ist das Überraschendste, als glänzender und kostbarer Diamant? Warum können sich ein grünes giftiges Gas und ein festes silberfarbenes Metall zu einem weißen und völlig ungiftigen Stoff verbinden — zu unserem Kochsalz? Warum starben früher soviel Arbeiter in den Zündholzfabriken? Wie hilft die Chemie, Kranke zu heilen? Und wie schließlich verändert sie tagtäglich die Welt, in der wir leben?

Diese und viele andere Fragen werden in diesem Buch beantwortet. Zahlreiche Fotos und Bilder führen den jungen Leser darüber hinaus in eine immer noch geheimnisvolle Welt ein — in die Welt der Chemie.

Copyright © 1976 bei Grosset & Dunlap, Inc.
Copyright © 1981 Neufassung bei Tessloff Verlag, Hamburg

ISBN 3 7886 0244 9

INHALT

BESSER LEBEN MIT CHEMIE — 4

Welches sind die Aufgaben der Chemie? — 4
Mit welchen Grundstoffen arbeitet die Chemie? — 5

DIE VORLÄUFER DER CHEMIE — 6

Wie begann die Chemie? — 6
Was wußten die Ägypter von Chemie? — 6
Wie entstand der Name „Chemie"? — 7
Wonach suchten die Alchemisten? — 7
Was verdankt die Chemie den Alchemisten? — 8

DIE SPRACHE DER CHEMIE — 10

Wie wurde die Welt der Stoffe eingeteilt? — 10
Was ist ein Stoff? — 10
Wie lassen sich Aggregatzustände verwandeln? — 11
Gibt es gasförmiges Eisen? — 11
Was ist ein chemisches Element? — 12
Was sind chemische Symbole? — 13

VERBINDUNGEN, GEMENGE UND LÖSUNGEN — 15

Was sind chemische Verbindungen? — 15
Wie kann man Wasser machen? — 15
Wie werden viele Verbindungen hergestellt? — 16
Wie macht man aus Natrium und Chlor Kochsalz? — 16
Was ist ein Gemenge? — 17
Wie unterscheiden sich Gemenge und Verbindung? — 18
Was ist eine Lösung? — 18
Wie schmecken wir süß, sauer, salzig und bitter? — 20

ATOME, MOLEKÜLE UND ISOTOPE — 20

Wieviel verschiedene Atome gibt es? — 20
Woraus besteht ein Atom? — 21
Wie unterscheiden sich Atome voneinander? — 22
Was ist ein Neutron? — 23
Was ist ein Molekül? — 23
Wie halten die Moleküle zusammen? — 23

WIE EINIGE INTERESSANTE ELEMENTE ENTDECKT WURDEN — 24

Welches Element leuchtet im Dunkeln? — 25
Woran starben die Arbeiter in den Streichholzfabriken? — 25
Welches ist das häufigste Element? — 26
Wie wird Sauerstoff industriell erzeugt? — 27
Was haben brennendes Holz und rostendes Eisen gemeinsam? — 28
Warum sind Diamanten so hart? — 28
Wie stellt man künstliche Diamanten her? — 29
Wie wird Holzkohle hergestellt? — 30
Wie ist die Kohle entstanden? — 31
Wozu braucht man Eisen und Stahl? — 32
Wie wird aus Eisenerz Roheisen? — 32
Wie wird Stahl hergestellt? — 34

ORGANISCHE CHEMIE — 36

Mit welcher Entdeckung begann die organische Chemie? — 36
Wieviel organische Verbindungen kennt man bis heute? — 37
Welches chemische Problem wurde im Traum gelöst? — 38
Welches ist der Grundstoff jeder Nahrung? — 38
Was geschieht bei der Photosynthese? — 38
Was ist ein Katalysator? — 39
Warum leben Tiere und Pflanzen in Symbiose? — 40

DAS ZEITALTER DER KUNSTSTOFFE — 41

Wann begann die Chemie der Kunststoffe? — 41
Wieviel Menschen leben mit Kunststoff im Körper? — 42
Wie werden Kunststoffe hergestellt? — 42
Welche Nachteile haben Kunststoffe? — 42

WAS DIE CHEMIE SONST NOCH KANN — 44

Wie hilft uns die Agrikulturchemie? — 44
Was ist anorganische Chemie? — 45
Was ist Biochemie? — 46
Was ist medizinische Chemie? — 46
Warum entdecken die Chemiker soviel Neues? — 47
Worin besteht die Verantwortung der Chemie? — 48

Vor etwa 400 000 Jahren lernten die Urmenschen, das Feuer, das durch Blitzschlag (unser Bild) oder durch Vulkanausbrüche entstanden war, zu unterhalten und damit ihre Hütte zu wärmen oder Fleisch zu kochen. Feuer ist ein chemischer Prozeß; die Urmenschen waren somit die ersten Chemiker — frühe Vorfahren der heutigen Wissenschaftler, die in ihren Laboratorien (rechts) an der Welt von morgen arbeiten.

Besser leben mit Chemie

Die Chemie ist eine der wichtigsten Naturwissenschaften. Sie untersucht Eigenschaften und Umwandlungen der Stoffe. Dabei versucht sie ebenso wie die Physik und die Biologie, Erscheinungen und Geheimnisse der Natur zum Nutzen der Menschen zu erklären und zu enträtseln.

Welches sind die Aufgaben der Chemie?

Ohne die Chemie müßten wir auf viele Annehmlichkeiten des modernen Lebens verzichten. Das Papier, auf dem dieses Buch gedruckt ist, wäre braun und fleckig, ja, ohne Chemie gäbe es dieses Buch überhaupt nicht, denn auch die Druckerschwärze ist ein Produkt der Chemie. Viele Nahrungsmittel können nur frisch gekauft werden, weil die Chemie Stoffe herstellt, die sie vor dem Verderben schützen. Waschmittel,

Seife und andere kosmetische Artikel gäbe es nicht, wenn ihre Hersteller nicht chemische Kenntnisse besäßen. Chemiker entwickelten farbenprächtige und haltbare Stoffe, die aus Kunstseide, Nylon oder anderen künstlichen Fasern bestehen. Autos, Flugzeuge, Radios, Schallplatten, Tonbänder und Fernsehgeräte wären ohne Chemie nicht denkbar, und so gibt es noch zahllose andere Gegenstände, an deren Entstehung oder Funktion die Chemie beteiligt ist.

Mit welchen Grundstoffen arbeitet die Chemie?

All diese Dinge kann man weder von Bäumen noch von Äckern ernten, man kann sie nicht direkt aus Tieren oder deren Produkten gewinnen und man kann sie auch nicht aus dem Boden graben oder aus Luft oder Wasser erzeugen. Woher stammen sie dann?

Zwar benutzen die Chemiker pflanzliche und tierische Stoffe und auch solche, die aus der Erde gegraben oder aus Luft oder Wasser gewonnen werden. Diese natürlichen Stoffe verwandelt die Chemie in neue Stoffe – in jene nämlich, die man zur Herstellung der vorher genannten Dinge und Gegenstände braucht. Eine Stoffart in eine andere Stoffart zu verwandeln, ist denn auch die Hauptbeschäftigung der Chemie. So wird Nylon letztlich aus Luft, Kohle und Wasser hergestellt; einige Farbstoffe werden aus der Sojabohne gewonnen, andere aus Kohle oder Erdöl; und auch so einfache Dinge wie Schokolade oder Baukästen aus Kunststoff sind Gemische chemischer Stoffe. Eine weitere wichtige Aufgabe der Chemiker ist es, die verwendeten Stoffe und ihre Zusammensetzung zu beschreiben. Wenn ein Chemiker einen neuen Stoff entdeckt oder herstellt, muß er ihn so gründlich beschreiben, daß andere Chemiker diesen Stoff wiedererkennen und selbst herstellen können. Der Chemiker gibt dazu an, welche Farbe der Stoff hat, ob er leicht oder schwer, matt oder glänzend und hart oder weich ist. Weiter muß der Chemiker angeben, ob der Stoff fest, flüssig oder gasförmig ist, ob er leichter oder schwerer als Wasser ist, ob er also auf dem Wasser schwimmt oder untergeht, ob er sich in Wasser, in Alkohol oder in anderen Flüssigkeiten auflöst, wie er sich verhält, wenn man ihn erhitzt und vieles andere mehr.

Die Vorläufer der Chemie

Wie begann die Chemie?

Die Menschen machten schon von der Chemie Gebrauch, bevor sie etwas über diese Wissenschaft wußten. So entdeckten zum Beispiel die alten Hethiter (sie lebten etwa im Raum der heutigen Türkei) vor über 3000 Jahren, wie man Eisen macht. Damit leiteten sie die Eisenzeit ein.

Eisen ist in einem rötlich-braunen Gestein enthalten, das man Eisenerz nennt. Um das Metall vom Gestein zu trennen, entzündeten die Hethiter in einer offenen Grube ein Gemisch aus Holzkohle und Eisenerz. Bei Temperaturen von etwa 1300 Grad schmolz das Metall und floß als hochwertiger Stahl aus dem Ofen. Damit hatten die Hethiter sich bereits der Chemie bedient, ohne es zu wissen.

Die Ägypter und andere alte Völker an der Mittelmeerküste gruben nach Silber, Gold und Blei, Zinn und Kupfer. Sie wußten bereits vor 5000 Jahren, wie man Kupfer mit Zinn mischen muß, um Bronze zu erhalten (5 bis 15 Prozent Zinn, der Rest Kupfer). Aus Bronze stellten sie Speere, Schwerter, Helme, Glocken, Hörner, Wagen, Stühle, Krüge, Pfannen und viele andere Gegenstände her. Kupfer und Zinn gerade im richtigen Verhältnis zu mischen, um die für den jeweiligen Zweck günstigste Bronze zu erhalten — auch das setzt bereits große chemische Kenntnisse voraus.

Was wußten die Ägypter von Chemie?

Die alten Ägypter konnten Glas, Ziegel, Terpentin, Seife und Farben herstellen; auch das verrät chemische Fertigkeit. Die Farben der bemalten Gläser und Ziegel, die man in der Neuzeit ausgrub, waren noch so leuchtend, wie sie gewesen sein müssen, als sie vor mehreren Jahrtausenden die Paläste der Pharaonen zierten. Ägyptische Bilder aus gefärbten Ziegeln zeigen Schiffe, deren Segel hübsche Farbstreifen tragen. Auf anderen Tafeln sieht man Männer und Frauen in bunten Kleidern. Auch diese Bilder weisen darauf hin, daß die Ägypter bereits viel von Chemie verstanden haben müssen.

Die Römer konnten bereits Zement machen. Er war so gut, daß einige römische Straßen und Aquädukte (Wasserleitungen), die vor 2000 Jahren aus Zement gebaut worden waren, noch heute brauchbar sind. Die Herstellung von Zement ist ein chemischer Prozeß. Also konnten auch schon die alten Römer mit Hilfe der Chemie neue Materialien herstellen.

Um 1500 v. Chr. gossen die alten Ägypter schon Bronze. Das Bild (nach einem Wandbild in einem ägyptischen Grab) zeigt Arbeiter, die einen Schmelztiegel vom Feuer heben, um das flüssige Metall umzufüllen. Im Hintergrund ist ein Schmelzofen zu sehen. Auf dem Boden liegen Blasebälge, die mit dem Fuß bedient werden.

Ein alter griechischer Weiser — er hieß Empedokles und lebte von 490 bis 430 v. Chr. — lehrte, daß alle Stoffe aus vier Dingen bestünden, die er „Elemente" nannte: Erde, Luft, Wasser und Feuer. Von nun an versuchten die Menschen, neue Stoffe herzustellen, indem sie diese vier Elemente in verschiedenen Mischungsverhältnissen zusammenbrachten. Alles Feste, also auch Erze, Metalle, Salz, Glas und Holz, nannten sie „Erde"; alle Gase waren „Luft", und alle Flüssigkeiten, also auch Öle, gehörten zum Element „Wasser".

Wie entstand der Name „Chemie"?

Diese Menschen versuchten vor allem, billige Metalle, wie Zinn, Eisen und Blei, in Gold zu verwandeln. Der Gedanke, weniger Wertvolles in Gold verwandeln zu können, stammt von einem anderen alten Griechen, dem Philosophen Aristoteles (384 bis 322 v. Chr.). Dieser hatte geschrieben, daß alle Dinge „vollkommen" werden könnten. Da Gold damals als das einzig vollkommene Metall galt, glaubten viele Menschen, man müsse weniger vollkommene Metalle in Gold verwandeln können. Wer das könnte, würde in kurzer Zeit der reichste und mächtigste Mann der Welt werden. Denn Blei bekam man überall; Gold dagegen besaßen nur wenige.

Die Versuche, aus weniger wertvollen Metallen Gold zu machen, nannte man „Alchemie". „al" ist ein arabisches Wort und heißt „der", das griechische Wort „chyma" heißt auf deutsch „Metallguß". Die Menschen, die versuchten, Gold zu machen, waren die „Alchemisten". Aus diesen Worten entstanden später die Bezeichnungen „Chemie" und „Chemiker".

Wonach suchten die Alchemisten?

Die „Goldköche", so wurden die Alchemisten im Volksmund genannt, hatten an den Höfen vieler Könige und Edelleute geachtete Stellungen. Ein Kaiser baute seinen Hof-Alchemisten in der Nähe seines Palastes sechs kleine Häuser aus Stein mit Schmelzöfen. König Heinrich VI. von

Parfüm war schon im alten Ägypten bekannt. Das Bild (nach einen Grabgemälde) zeigt Frauen bei der Parfümherstellung.

England war von der Alchemie so überzeugt, daß er sie als „wertvolle Wissenschaft" bezeichnete und seine Edelleute und Gelehrten aufforderte, diese Wissenschaft zu studieren.

Die Alchemisten suchten jedoch nicht direkt nach Gold. Vielmehr suchten sie den „Stein der Weisen", eine Substanz, die unedle Metalle, wie Quecksilber, Kupfer und Blei, in Gold oder Silber verwandeln und in verdünnter Lösung verjüngend und heilend wirken sollte. Außerdem suchten die Alchemisten noch nach einem anderen, nicht weniger geheimnisvollen Stoff: nach einem universellen „Trennwasser", das alle anderen Stoffe aufzulösen imstande war; kein Alchemist kam allerdings auf die Idee, daß eine solche Flüssigkeit auch jeden Behälter zerstören würde, in dem sie hergestellt oder aufbewahrt werden sollte, daß es also unmöglich sein würde, diesen Stoff herzustellen oder gar aufzubewahren.

Die Alchemisten forschten und suchten Jahrhunderte hindurch. Sie arbeiteten in rauchgeschwärzten Räumen, die voll waren von dem Geruch der Flüssigkeiten, die sie kochten, und der Pulver, die sie verbrannten. Die Wände ihrer Laboratorien waren mit geheimnisvollen Zeichen bedeckt, die magische Kräfte besitzen sollten.

Einige Alchemisten waren Betrüger. Sie verbargen geschickt ein paar Goldkörnchen in ihren Schmelzöfen. In Gegenwart ihrer Geldgeber „entdeckten" sie dann nach Beendigung ihrer Experimente das Gold in der Asche. Wenn sie mehr Geld bekämen, so behaupteten sie nun, könnten sie auch mehr Versuche machen und würden bestimmt große Goldklumpen aus der Asche holen können. Meist glaubten die Geldgeber diese Lügen — und zahlten.

Was verdankt die Chemie den Alchemisten?

Andere Alchemisten waren ehrlich. Bei ihren vielen ergebnislosen Versuchen und Experimenten fanden sie zwar weder den Stein der Weisen noch das Trennwasser. Sie sammelten aber viele nützliche Hinweise und Arbeitsanleitungen. Sie beschrieben, wie sich dieser oder jener Stoff verhält, wenn man ihn mischt, schüttelt oder erhitzt; sie fanden heraus, welche Flüssigkeit Metalle und andere Stoffe auflöst und welche Flüssigkeiten mit anderen gemischt werden können. Sie schrieben Gewicht, Farbe und viele andere Eigenschaften bekannter Stoffe auf. Und sie fanden auch einiges wirklich Neues; der Alkohol zum Beispiel wurde von einem Alchemisten entdeckt. Alchemisten fanden neue Arzneien und verfeinerten viele Arbeitstechniken der Chemie, besonders das Destillieren (= Trennung verdampfbarer Stoffe von nichtflüssigen Stoffen

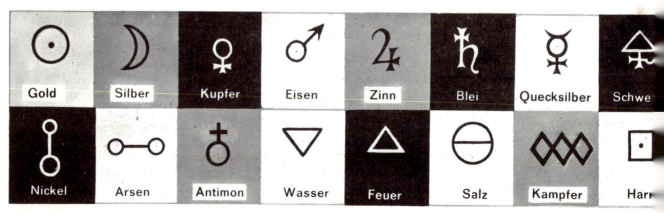

Symbole, die von den Alchemisten für Metalle und andere Stoffe ersonnen wurden

Der „Jungbrunnen", ein Gemälde von Lucas Cranach dem Älteren (1472—1553), zeigt, wonach die Alchemisten vergeblich suchten: In verdünnter Lösung sollte der „Stein der Weisen" verjüngend und heilend wirken. Das Gemälde entstand 1546 und hängt heute im Staatsmuseum Berlin-Dahlem.

durch Verdampfung). Viele ihrer Arbeitsmethoden wurden von der späteren Chemie übernommen und werden zum Teil noch heute angewendet. Ihre Bemühungen während vieler Jahrhunderte waren also nicht fruchtlos.

Um Erfolg oder Mißerfolg vor Außenstehenden zu verbergen, erfanden die Alchemisten eine Art Geheimsprache, die nur sie allein zu benutzen wußten und verstanden. Sie ersannen eine Anzahl Zeichen oder Symbole, die für die Namen der Metalle und der anderen Stoffe standen, mit denen sie arbeiteten. Außerdem rechneten sie damit, daß diese Geheimzeichen ihre Wissenschaft allen Nicht-Alchemisten noch geheimnis- und bedeutungsvoller erscheinen lassen würde. Diese Geheimzeichen schrieben sie nicht nur auf die Papiere, mit denen sie arbeiteten, sondern bedeckten damit auch die Wände ihrer Laboratorien.

Vor etwa 200 Jahren gaben die meisten Alchemisten ihr hoffnungsloses Suchen auf — die moderne wissenschaftliche Chemie setzte sich gegen Aberglaube und Geheimwissenschaft durch. Nur einige Unbeirr- und Unbelehrbare setzten ihre Suche fort. Noch im 20. Jahrhundert wurden in Paris alchemistische Vorlesungen gehalten.

Die Sprache der Chemie

Im Jahr 1675 veröffentlichte der französische Chemiker Nicolas Lémery ein Buch mit dem Titel „Der vollkommene Chymist". Dieses Buch

Wie wurde die Welt der Stoffe eingeteilt?

wurde in viele Sprachen, darunter auch ins Deutsche, übersetzt. Denn der Autor hatte etwas ganz Ungewöhnliches getan; er hatte zum ersten Mal die Welt der Stoffe in drei Teile eingeteilt:

• Die Metalle, das Wasser, die Luft, das Kochsalz, die Gesteine und Erze zählte er zum sogenannten „Mineralreich";

• Zucker, Stärke, Wachse, Pflanzenfarbstoffe und anderes gehörten seiner Meinung nach zum „Pflanzenreich";

• Fette, Eiweißstoffe, Hornsubstanzen und andere Stoffe, die am Aufbau der Tierwelt beteiligt sind, ordnete Lémery dem „Tierreich" zu.

Die Stoffe des Pflanzen- und des Tierreiches stellte er nun den toten Stoffen des Mineralreiches gegenüber und bezeichnete sie als „organische Stoffe", die des Mineralreiches nannte er „anorganische Stoffe".

Diese erste Aufteilung der Welt der Stoffe hat sich bis heute erhalten; organische und anorganische Chemie sind die Hauptarbeitsbereiche der modernen Chemie. Beide Gebiete sind jedoch so eng miteinander verflochten, daß eine deutliche Trennung praktisch nicht vorgenommen werden kann.

Um die Wissenschaft der Chemie zu verstehen, muß man sich zunächst mit ihren besonderen Begriffen, Bezeichnungen und Ideen beschäftigen.

Der erste Begriff heißt „Stoff". Wenn ein Chemiker von

Was ist ein Stoff?

Stoffen spricht, meint er alles, was etwas wiegt. Auch alles, was man sehen oder berühren kann, ist Stoff. Bücher, Eis, Steine, Wasser, Milch, Luft sind Stoffe.

Radio- und Fernsehwellen und Wärme haben kein Gewicht und sind also kein Stoff. Auch Gedanken und Gefühle, Trauer, Liebe, Erinnerungen und Luftschlösser haben kein Gewicht; sie sind also kein Stoff.

Wasser kommt in drei Aggregatzuständen vor: unter 0° Celsius als Eis, bis 100° als Wasser, über 100° gasförmig als Wasserdampf.

Die Dinge um uns scheinen aus unendlich vielen verschiedenen Arten Stoff zu bestehen. Es gibt Gegenstände aus Holz, Papier, Metall, Gummi, Tuch, Kunststoff und vielem anderen. Es gibt rauhe und glatte Stoffe, harte und weiche — und zwar in den verschiedensten Farben und Formen. Es gibt Millionen verschiedene Arten von Stoff.

Physiker und Chemiker teilen den Stoff in drei Gruppen ein: Stoff, der fest ist, Stoff der flüssig ist, und Stoff, der gasförmig ist. Jede dieser großen Gruppen bezeichnet einen Zustand des Stoffs, den Aggregatzustand. Ein Stein und ein Fußball sind Beispiele für Stoffe in festem Zustand. Wasser, Milch und Benzin stellen Stoffe in flüssigem Zustand dar. Luft ist Stoff in gasförmigem Zustand.

Wenn man alle drei Aggregatzustände zugleich sehen will, braucht man nur einen Eiswürfel in ein mit Wasser gefülltes Glas zu werfen: Das Eis ist fest, das Wasser ist flüssig und die Luft darüber ist gasförmig.

Um zu sehen, wie ein fester Stoff sich

Wie lassen sich die Aggregatzustände verwandeln?

nacheinander in die beiden anderen Zustände verwandelt, legt man zwei oder drei Eiswürfel in einen leeren Wasserkessel. Wenn man diesen Kessel über einer Flamme erhitzt, wird das Eis bald schmelzen, das heißt, es wird zu Wasser. Dieser Vorgang findet bei 0° Celsius statt, jener Temperatur, die die Wissenschaft den „Schmelzpunkt" nennt. Hier sieht man, wie etwas Festes in etwas Flüssiges übergeht.

Wenn man den Gashahn weiter aufdreht oder die Heizplatte heißer stellt, beginnt das Wasser zu kochen, das heißt, es verdampft, aus dem flüssigen wird ein gasförmiger Stoff. Diese Verwandlung findet am „Siedepunkt" statt, das heißt, wenn die Temperatur 100°

Celsius erreicht hat.

Um zu beweisen, daß Wasserdampf durch Abkühlung wieder zu Wasser wird, hält man einen Löffel in den Wasserdampf hinein. Sehr bald wird sich etwas Wasser in dem Löffel sammeln — der Wasserdampf hat sich an dem kalten Löffel abgekühlt und geht wieder in den flüssigen Zustand über. Legt man den Löffel mit dem Wasser in den Kühlschrank, wird das Wasser wieder zu Eis. Dieses ist ein Beispiel dafür, wie man Stoff vom flüssigen in einen festen Zustand verwandeln kann.

Die meisten Stoffe kommen in allen drei

Gibt es gasförmiges Eisen?

Zuständen vor. Eisen z. B. geht bei 1540° Celsius vom festen in den flüssigen Zustand über, es schmilzt. Bei etwa 3000° wird es gasförmig.

Die Bläschen im Mineralwasser bestehen aus Kohlendioxid, einem farblosen und geruchlosen, unschädlichen Gas. Wenn man dieses Gas bei 20° Celsius in einem geeigneten Behälter auf 56 Atmosphären Druck bringt, wird es flüssig. Wird die Temperatur, nun wieder bei normalem Druck, auf −78,5° Celsius gesenkt, geht es in einen festen Zustand über. Dieses feste Kohlendioxid ist schneeförmig. Zu Blöcken gepreßt, wird es als Trockeneis in der Industrie und im Lebensmittelgewerbe zur Kühlung verwendet.

Diese drei Beispiele zeigen, daß man Stoffe von einem in den anderen Aggregatzustand verwandeln kann. Erhitzen und Abkühlen sind dabei für den Chemiker die wichtigsten Hilfsmittel. Es sind jedoch eigentlich physikalische Umwandlungen, da der Stoff als solcher sich nicht verändert.

Das Element Wolfram ist gegen Wärme besonders unempfindlich: Es schmilzt bei 3390° C und verdampft erst bei 5500° C.

Nach Empedokles bestanden alle Dinge aus Mischungen der vier „Elemente" Feuer, Erde, Wasser und Luft. Jedem Element waren gewisse Eigenschaften zugeordnet

Was ist ein chemisches Element?

Wie wir bereits lasen, lehrte Empedokles, daß alle Dinge aus den vier „Elementen" Erde, Wasser, Feuer und Luft bestünden. Diese vier Elemente seien die nicht mehr teilbaren Grundstoffe jedes Materials.

Als die Alchemisten sich mit dem „Element" Erde beschäftigten, fanden sie bald heraus, daß Erde entgegen den Behauptungen des Empedokles doch noch in einfachere Stoffe zerlegt werden kann. Erde konnte also kein wirkliches Element, kein unzerlegbarer Grundstoff sein.

Die Alchemisten entdeckten aber auch, daß bestimmte Stoffe, zum Beispiel fast alle damals bekannten Metalle, nicht mehr in einfachere Stoffe zerlegt werden können. Diese unteilbaren Stoffe waren also echte Elemente. Die den Alchemisten bekannten Elemente waren Gold, Silber, Kupfer, Eisen, Blei, Zinn, Quecksilber, Antimon, Schwefel, Arsen, Phosphor und Kohlenstoff.

Die ersten sieben Elemente, also die Metalle Gold, Silber, Kupfer, Eisen, Blei, Zinn und Quecksilber, waren schon im Altertum bekannt. Die Elemente Arsen und Antimon wurden erst im Mittelalter entdeckt.

Im 18. Jahrhundert, als die Chemie langsam eine Wissenschaft wurde, begannen die Chemiker, neue chemische Elemente zu entdecken. Schließlich hatten sie 92 Elemente in den Stoffen der Erde und der Luft ausfindig gemacht.

Von diesen 92 natürlichen Elementen sind unter normalen Bedingungen elf gasförmig (Argon, Chlor, Fluor, Helium, Krypton, Neon, Radon, Sauerstoff, Stickstoff, Wasserstoff und Xenon), zwei flüssig (Brom, Quecksilber) und alle übrigen fest.

In den letzten Jahrzehnten haben die Physiker 13 neue chemische Elemente künstlich hergestellt, so daß es heute 105 Elemente gibt.

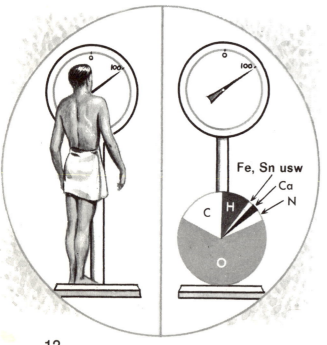

Wenn ein Mensch 100 Pfund wiegt, besteht sein Körper aus ungefähr 65 Pfund Sauerstoff, 18 Pfund Kohlenstoff, 10 Pfund Wasserstoff, 3 Pfund Stickstoff, 2 Pfund Kalzium und 1 Pfund Phosphor. Das restliche Pfund setzt sich zusammen aus Eisen, Zink, Kalium, Natrium, Chlor, Fluor, Brom, Jod, Magnesium, Mangan, Kupfer, Chrom, Molybdän, Titan, Rubidium, Strontium, Schwefel, Selen, Bor, Nickel, Arsen, Kobalt, Silizium, Lithium, Aluminium, Zinn und Barium. Insgesamt enthält der menschliche Körper 33 Elemente.

Für diese 105 Elemente haben die Chemiker Abkürzungen eingeführt, damit sie nicht immer den ganzen Namen gebrauchen müssen. Die Abkürzungen bestehen aus einem oder zwei Buchstaben, die man chemische Zeichen nennt. Die Einrichtung der Zeichen stammen von den Alchemisten, die ja schon Symbole für Elemente benutzten.

| **Was sind chemische Symbole?** |

Einige Abkürzungen bestehen aus dem ersten oder den ersten beiden Buchstaben vom Namen des Elements: B für Bor oder Ni für Nickel. Andere Abkürzungen sind zusammengesetzt aus dem ersten und einem anderen Buchstaben des Element-Namens, wie Cl für Chlor oder Pt für Platin.

Andere Zeichen, wie zum Beispiel Au für Gold oder Pb für Blei stammen noch aus der lateinischen Sprache. Hier folgt eine Liste einiger Elemente, deren Abkürzungen von den lateinischen Namen abgeleitet sind:

Deutsch	**Lateinisch**	**Abkürzung**
Gold	aurum	**Au**
Silber	argentum	**Ag**
Eisen	ferrum	**Fe**
Blei	plumbum	**Pb**
Zinn	stannum	**Sn**
Quecksilber	hydrargyrum	**Hg**
Antimon	stibium	**Sb**
Wasserstoff	hydrogenium	**H**
Sauerstoff	oxygenium	**O**
Stickstoff	nitrogenium	**N**

Tierhäute werden durch Gerben zu Leder. Gerben verursacht eine chemische Veränderung, die Fäulnis verhütet. Nachdem die Häute durch Einweichen in Salzwasser von Schmutz und Blut gereinigt waren, wurden sie früher mit Kalk gescheuert, um die Haare zu entfernen. Die gekalkten Häute wurden gewaschen und in Bottiche mit Gerbsäure gehängt. Gerbsäure wird aus Holz, Rinden, Früchten, Blättern oder Gallen durch Extraktion (chemische Herauslösung) gewonnen. Um das Leder geschmeidig zu machen, wurde es mit Öl eingerieben. Heute verwendet man neue Methoden (rechts).

Entfernen der Haare in einer mit Kalk gefüllten Waschtrommel

Abschaben des Fleisches auf der Innenseite der Haut

Besprühen mit Naphthalin, um Bakterien zu vernichten, die die Haut angreifen.

TABELLE DER CHEMISCHEN ELEMENTE

1 *	Wasserstoff	H	36	Krypton	Kr	71	Lutetium	Lu
2	Helium	He	37	Rubidium	Rb	72	Hafnium	Hf
3	Lithium	Li	38	Strontium	Sr	73	Tantal	Ta
4	Beryllium	Be	39	Yttrium	Y	74	Wolfram	W
5	Bor	B	40	Zirkonium	Zr	75	Rhenium	Re
6	Kohlenstoff	C	41	Niob	Nb	76	Osmium	Os
7	Stickstoff	N	42	Molybdän	Mo	77	Iridium	Ir
8	Sauerstoff	O	43	Technetium	Tc	78	Platin	Pt
9	Fluor	F	44	Ruthenium	Ru	79	Gold	Au
10	Neon	Ne	45	Rhodium	Rh	80	Quecksilber	Hg
11	Natrium	Na	46	Palladium	Pd	81	Thallium	Tl
12	Magnesium	Mg	47	Silber	Ag	82	Blei	Pb
13	Aluminium	Al	48	Cadmium	Cd	83	Wismut	Bi
14	Silicium	Si	49	Indium	In	84	Polonium	Po
15	Phosphor	P	50	Zinn	Sn	85	Astatin	At
16	Schwefel	S	51	Antimon	Sb	86	Radon	Rn
17	Chlor	Cl	52	Tellur	Te	87	Francium	Fr
18	Argon	Ar	53	Jod	J	88	Radium	Ra
19	Kalium	K	54	Xenon	Xe	89	Actinium	Ac
20	Calcium	Ca	55	Caesium	Cs	90	Thorium	Th
21	Scandium	Sc	56	Barium	Ba	91	Protactinium	Pa
22	Titan	Ti	57	Lanthan	La	92	Uran	U
23	Vanadium	V	58	Cer	Ce	93	Neptunium	Np
24	Chrom	Cr	59	Praseodym	Pr	94	Plutonium	Pu
25	Mangan	Mn	60	Neodym	Nd	95	Americium	Am
26	Eisen	Fe	61	Promethium	Pm	96	Curium	Cm
27	Kobalt	Co	62	Samarium	Sm	97	Berkelium	Bk
28	Nickel	Ni	63	Europium	Eu	98	Californium	Cf
29	Kupfer	Cu	64	Gadolinium	Gd	99	Einsteinium	Es
30	Zink	Zn	65	Terbium	Tb	100	Fermium	Fm
31	Gallium	Ga	66	Dysprosium	Dy	101	Mendelevium	Md
32	Germanium	Ge	67	Holmium	Ho	102	Nobelium	No
33	Arsen	As	68	Erbium	Er	103	Laurentium	Lr
34	Selen	Se	69	Thulium	Tm	104	Kurtschatowium	Ku
35	Brom	Br	70	Ytterbium	Yb	105	Hahnium	Ha

* Wegen der Bedeutung der Nummern, auch „Atomnummern", „Ordnungszahl" oder „Kernladungszahlen" genannt, siehe Seite 22.

Verbindungen, Gemenge und Lösungen

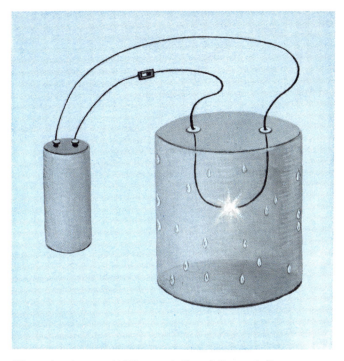

Wenn in einem mit Wasserstoff und Sauerstoff gefüllten Gefäß ein elektrischer Funke überspringt, verbinden sich die beiden Elemente zu Wasser.

Was sind chemische Verbindungen?

Es gibt 105 chemische Elemente. Wir kennen heute aber über eine Million verschiedener Stoffe. Diese Stoffe sind Verbindungen von zwei oder mehr chemischen Elementen. Verbinden bedeutet „zusammenbringen". Verbindungen entstehen durch Zusammenbringen von Elementen.

Zu den chemischen Verbindungen zählt zum Beispiel das Wasser. Auch Salz, Essig, Zucker, Aspirin, Kreide, Benzin und Alkohol sind Verbindungen.

Das Wasser besteht aus den Elementen Wasserstoff und Sauerstoff. Kochsalz setzt sich aus Natrium und Chlor zusammen; Kreide aus Kalzium, Kohlenstoff und Sauerstoff.

Wenn man sagt, Wasser besteht aus den Elementen Wasserstoff und Sauerstoff, so bedeutet das noch nicht, daß man Wasser erhält, wenn man Wasserstoff und Sauerstoff miteinander mischt. Um eine chemische Verbindung herzustellen, müssen die Elemente gewöhnlich auf besondere Art miteinander vereinigt werden. Wenn zum Beispiel etwas Sauerstoff und doppelt so viel Wasserstoff in einen luftleeren Glasbehälter gegeben werden, kann man den Inhalt des Behälters ohne Hilfsmittel nicht von der Luft unterscheiden. Wasser ist aber noch nicht entstanden.

Wie kann man Wasser machen?

Wenn man aber zwei Drähte, die mit einer Batterie verbunden sind, in den Glasbehälter bringt und dann einen Funken zwischen den Drahtenden überspringen läßt, gibt es im Glasbehälter eine Explosion, und an der Innenwand des Glases erscheinen winzige Wassertropfen. Was ist da geschehen? Durch den elektrischen Funken haben sich Wasserstoff und Sauerstoff chemisch verbunden oder eine chemische Verbindung gebildet.

Chemische Verbindungen durch elektrische Funken herzustellen, ist eine Methode, die nur selten angewandt wird. Viel gebräuchlicher ist es, die Stoffe, die eine Verbindung eingehen sollen, zu erhitzen. Ein weiteres Verfahren besteht darin, die Stoffe in Wasser oder in anderen Flüssigkeiten aufzulösen, sie zu mischen und sie dann zu erhitzen.

Da alle Elemente auf so verschiedene Art miteinander verbunden werden können und sehr viele Verbindungen möglich sind, kann man die chemischen Elemente mit den Bausteinen aus einem Baukasten vergleichen. Tatsächlich bezeichnen Chemiker die Elemente auch als die „Bausteine des Universums".

15

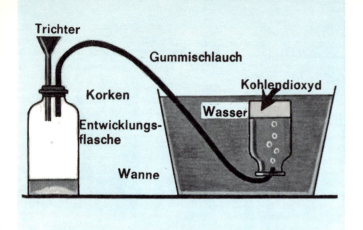

Um Kohlendioxid herzustellen, schüttet man Natron etwa einen Zentimeter hoch in eine Flasche. Durch einen Trichter gießt man 100 g Essig in die Flasche. Die Auffangflasche füllt man mit Wasser, hält die Öffnung mit der Hand zu und dreht sie unter Wasser um, wie die Zeichnung zeigt.

Eine einfache chemische Verbindung kann man sehr leicht selber herstellen: Man schüttet etwas Natron oder sehr fein zerstampfte Eierschale in einen halb mit Essig gefüllten Becher. Aus dem Essig werden nach kurzer Zeit Bläschen aufsteigen.
Die Bläschen bestehen aus Kohlendioxid. Dieses Gas besteht aus den Elementen Kohlenstoff und Sauerstoff. In Verbindung mit dem Element Kalzium bilden Kohlenstoff und Sauerstoff ein Material, das man Kreide nennt.
Kommen nun Essig und Kreide zusammen, löst der Essig das Kalzium aus der Kreide heraus. Dadurch werden Sauerstoff und Kohlenstoff frei und entweichen als Bläschen aus Kohlendioxid.
Chemische Verbindungen aus nur zwei oder drei Elementen werden in der Chemie selten hergestellt. Reine Elemente sind schwierig herzustellen und daher teuer. Außerdem sind manche Elemente so „verbindungsfreudig", daß es schwer fällt, sie rein zu erhalten. Andere Elemente dagegen sind „abgeneigt", eine Verbindung einzugehen, so daß es viel Mühe und Kosten verursacht, sie mit anderen zu verbinden.

(Selbstverständlich haben chemische Elemente keine Gefühle und können nicht wirklich „freudig" oder „abgeneigt" sein, doch erleichtern uns solche Bezeichnungen das Verstehen.)

Wie werden viele Verbindungen hergestellt?

Im allgemeinen stellt man neue chemische Verbindungen her, indem man zwei oder mehrere bereits vorhandene Verbindungen zusammenbringt. In dieser neuen Verbindung findet dann der Austausch von Elementen oder Verbindungsteilen (Gruppen) statt. Angenommen, es soll Kochsalz hergestellt werden. Kochsalz besteht aus den Elementen Natrium und Chlor. Wenn man diese beiden Elemente einfach zusammenbringt, ergibt sich eine Schwierigkeit: Chlor ist ein sehr giftiges, grünes Gas; es ist schwierig und gefährlich zu handhaben. Natrium ist ein Metall, das sich sehr leicht mit dem Sauerstoff der Luft verbindet, so daß es große Mühe macht, es so lange reinzuhalten, bis es mit Chlor in Berührung gebracht werden kann. Und selbst wenn man diese Probleme löst, ergibt sich eine weitere Schwierigkeit: Chlor und Natrium verbinden sich so heftig miteinander, daß es bei diesem Vorgang zu einer Explosion kommt.

Wie macht man aus Natrium und Chlor Kochsalz?

Man kann jedoch Natrium und Chlor auf eine andere, ungefährliche Weise miteinander verbinden. Dazu braucht man zwei billige Verbindungen in Pulverform, die sich im Handel leicht beschaffen lassen: Kalziumchlorid und Soda (Natriumkarbonat). Kalziumchlorid besteht aus den Elementen Kalzium und Chlor, Soda aus den Elementen Natrium, Kohlenstoff und Sauerstoff. Diese Verbindungen müssen beide in Wasser aufgelöst werden. Danach werden die Flüssigkeiten aus den beiden Behältern zusammengegossen. Was geschieht nun? Das Natrium verbindet sich mit dem Chlor, das Kalzium mit Kohlenstoff und Sauerstoff. Das Natrium und das Chlor haben Kochsalz gebildet; was aber wurde aus den anderen Elementen — Kalzium, Kohlenstoff und Sauerstoff?

Wir erinnern uns, daß die Verbindung Kreide sich aus diesen drei Elementen zusammensetzt. Und tatsächlich finden sich in dem Wasser neben Salz kleine Stückchen von Kreide. Kreide löst sich nicht in Wasser auf. Also sinken die winzigen Kreideteilchen auf den Boden des Behälters. Wenn die Kreide sich abgesetzt hat, gießt man sorgfältig das Wasser (und das gelöste Salz darin) in eine Pfanne, so daß die Kreide im Behälter zurückbleibt. Die Pfanne wird erhitzt, bis das gesamte Wasser verkocht ist. Auf dem Boden der Pfanne bleibt dann reines Kochsalz zurück.

Was ist ein Gemenge?

Im Gegensatz zur chemischen Verbindung ist ein Gemenge eine lose Mischung aus verschiedenen Verbindungen oder Elementen. Die Luft ist zum Beispiel ein gasförmiges Gemenge, Öle sind flüssige und Gesteine sind feste Gemenge.

Den Unterschied zwischen Verbindung und Gemenge macht ein einfaches Experiment deutlich: Man füllt einen Eßlöffel Eisenspäne und einen Eßlöffel Schwefel in Pulverform in eine Flasche, verkorkt die Flasche und schüttelt sie, bis Eisen- und Schwefelteile gründlich gemischt sind.

Ist diese Mischung nun ein Gemenge oder eine Verbindung?

Um diese Frage zu beantworten, schüttet man das Gemisch auf ein Stück Papier und zieht einen Magneten durch das Gemisch. Die Eisenteile bleiben am Magneten hängen, die Schwefeltei-

Zwei Methoden, aus Natrium und Chlor Kochsalz herzustellen. Industriell sind diese Verfahren ohne Bedeutung. Salz wird entweder unter Tage durch bergmännischen Abbau gewonnen, oder natürliches, salzhaltiges Wasser wird in Sudpfannen eingedampft. In heißen Ländern wird Salz auch aus dem Meerwasser gewonnen.

le nicht. Eisen und Schwefel haben sich nicht miteinander verbunden. Die Mischung war also ein Gemenge.
Nun schüttet man dasselbe Gemisch in ein Reagenzglas und erhitzt es über einer Flamme. Es wird bald glühen

Schwefel und Eisen bleiben in einem Gemenge unverändert, ein Magnet zieht die Eisenspäne aus dem Gemenge heraus.

und schmilzt dann schließlich zu einem Klumpen zusammen, der aus dunklen Kristallen besteht. Aus dem Gemisch ist eine Verbindung geworden, Eisen und Schwefel haben sich zu Schwefeleisen verbunden. Wenn man einen Magneten an diesen schwarzen Klumpen hält, bleibt nichts haften.

Dieses Experiment zeigt: In einem Gemenge bleiben die Stoffe in ihren chemischen Eigenschaften unverändert; in Verbindungen dagegen ändern sie sich. Und: Ein Gemenge kann aus beliebigen Mengen hergestellt werden; eine Verbindung dagegen besteht aus ganz bestimmten Mengen, deren Verhältnis zueinander im-

Wie unterscheiden sich Gemenge und Verbindung?

mer gleich ist. Hätte man zum Beispiel bei der Eisensulfid-Verbindung zuviel Eisen genommen, so wäre an dem Magneten ein wenig Eisen haftengeblieben. Diese Reste wären Eisenatome gewesen, die keine Schwefelatome gefunden haben, mit denen sie sich hätten verbinden können.

Es gibt eine Art Gemenge, das sich anders als andere Gemenge verhält. Ein Beispiel: Man schüttet einen Teelöffel Kochsalz in ein mit Wasser gefülltes Glas und rührt um, bis das

Was ist eine Lösung?

Schwefel und Eisen ändern sich in einer Verbindung; unter Hitze entsteht ein Klumpen aus schwarzen Kristallen.

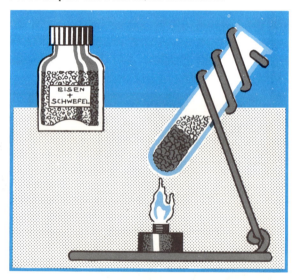

Salz sich im Wasser aufgelöst hat. Der Chemiker nennt das: Wasser und Salz haben eine Lösung gebildet.
Diese Lösung gießt man auf eine Pfanne. Wenn man die Pfanne erhitzt, verdampft das Wasser. Auf dem Pfannenboden wird Salz sichtbar — genau die gleiche Menge, die in das Wasser geschüttet worden ist.
Wie bei einem Gemenge müssen auch die Bestandteile einer Lösung nicht in einem bestimmten Verhältnis zueinander stehen. Allerdings gibt es eine

obere Grenze, bis zu der man z. B. Salz in Wasser lösen kann. Daß man die Bestandteile so leicht voneinander trennen kann, beweist, daß sie keine Verbindung eingegangen sind. Auch hierin gleicht die Lösung dem Gemenge. Wenn jedoch das Salz im Wasser aufgelöst ist, kann man keine einzelnen Wasser- und Salzteile mehr unterscheiden, denn das Salz hat eine ganz neue Form angenommen. Hierin unterscheidet die Lösung sich vom Gemenge.

Es gibt verschiedene Arten von Lösungen. Nicht nur feste Stoffe wie Salz können in Flüssigkeiten wie Wasser aufgelöst werden, sondern auch Flüssigkeiten in anderen Flüssigkeiten. Auch Gase können in Flüssigkeiten aufgelöst werden; die Bläschen im Selterswasser sind zum Beispiel Kohlendioxidgas. Man kann dieses Gas nur sehen, wenn es sich vom Wasser, in dem es gelöst ist, trennt.

Lösungen sind in der Chemie sehr wichtig. Das Auflösen von Stoffen — Verbindungen oder Elementen — in Flüssigkeiten ist für den Chemiker die wichtigste Methode, Stoffe zusammenzubringen und aus den vorgegebenen Stoffen neue Stoffe zu bilden.

Die Natur stellt unaufhörlich Süß- und Salzwasser her. Die Sonnenwärme läßt Meerwasser verdunsten, das Salz bleibt dabei im Meer zurück. Wolken bilden sich, die aus Süßwassertröpfchen bestehen. Der Regen aus den Wolken sickert durch den Boden und löst Salzverbindungen auf. Bäche und Flüsse tragen die aufgelösten Salze ins Meer, wo auf diese Weise sich immer mehr Salz ansammelt, so daß das Meer salziger wird. Die Sonne läßt wieder Meerwasser verdunsten, und so geht es immer weiter.

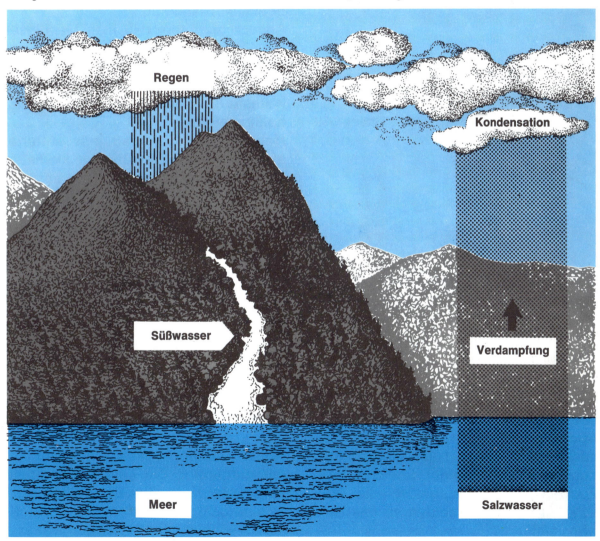

Lösungen sind auch für jeden Menschen wichtig. Auf der Zungenoberfläche, besonders an der Spitze und den Rändern, befinden sich sogenannte Geschmacksknospen. Diese kleinen Organe vermitteln uns die verschiedenen Geschmacksrichtungen Süß, Sauer, Salzig und Bitter. Schmecken ist ein chemischer Prozeß: Da die Knospen nur Lösungen schmecken können, löst der Speichel etwas von der Nahrung auf — nun erst können die Geschmacksknospen die Nahrung auf ihre Genießbarkeit hin prüfen.

Wie schmecken wir Sauer, Süß, Salzig und Bitter?

Den silbernen Löffel oder den Tassenrand aus Porzellan empfinden wir als geschmacklos, weil der Speichel sich

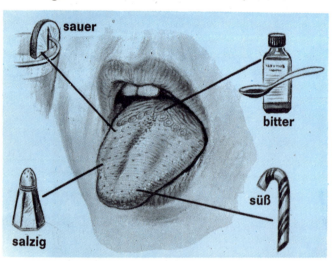

Die Geschmacksknospen sind Sinnesorgane, die den Geschmack der Nahrung über die Nerven an das Gehirn melden. Beim Menschen liegen die Geschmacksknospen vor allem an der Spitze und an den Rändern der Zunge. Mit zunehmendem Alter nimmt die Zahl der Geschmacksknospen ab. Fische haben Geschmacksknospen auch in der Körperhaut.

weder mit Metall noch mit Porzellan zu einer Lösung mischen kann. Auch ein trockener Keks schmeckt zunächst nach nichts. Nach einigen Sekunden jedoch hat der Speichel den Zucker im Keks aufgelöst, die Geschmacksknospen melden an das Gehirn „süß".

Atome, Moleküle und Isotope

Schon die alten Griechen beschäftigte die Frage, wie weit man einen Stoff, zum Beispiel ein Stück Eisen, in immer kleinere Teile teilen kann. Die einen glaubten, man könne jedes Stückchen Stoff, und sei es noch so klein, weiter zerlegen. Materie, so glaubten sie, besteht aus einem völlig gleichmäßigen Stoff, der immer wieder geteilt werden kann.

Wieviel verschiedene Atome gibt es?

Andere glaubten, daß man bei dieser fortwährenden Teilung schließlich auf ein Stück Materie treffen müsse, das nicht mehr geteilt werden kann. Dieses kleinste Stück nannten sie „Atom", das heißt „unteilbar".

Heute wissen wir, daß jede Materie, also auch jedes Element, aus kleinsten Bausteinen, eben den Atomen besteht. Sie sind mit chemischen Mitteln nicht mehr teilbar. Da jedes Element aus anderen Atomen besteht, gibt es 105 verschiedene Atome.

Diese Atome können noch nicht sichtbar gemacht werden; dazu fehlen der Wissenschaft noch die technischen Mittel. Dennoch kann man die Existenz dieser kleinsten Bausteine mit mathematischen und anderen wissenschaftlichen Berechnungen und Experimenten beweisen.

Man weiß sogar, wie groß ein Atom ist und was es wiegt: 100 Millionen Wasserstoff-Atome ergäben, nebeneinander aufgereiht, die Länge von einem Zentimeter; und eine Quadrillion (das ist eine Zahl mit 24 Nullen) Wasserstoffatome wiegen ganze 1,673 g.

Ein völlig leerer Atlantik; nur in seiner Mitte eine 20 m große Insel; und schließlich ein Fußball, der auf dem Kreisbogen New York — Äquator — London — Island rasend schnell um die Insel kreist — das ist, etwa 40 billionenfach vergrößert, ein Atom. Dabei stellt die Insel den Atomkern und der Fußball ein Elektron vor. Dieser Vergleich macht deutlich: Materie ist fast ausschließlich leerer Raum.

Woraus besteht ein Atom?

Bis zum Beginn dieses Jahrhunderts galt, was die griechischen „Atomisten" geglaubt hatten: Das Atom ist der kleinste Baustein der Materie und kann nicht weiter zerlegt werden. Dann aber kamen die Forscher zu Erkenntnissen, die die Vorstellung von der Unteilbarkeit des Atoms widerlegten. Heute denkt man sich das Atom aus noch weit kleineren Bauteilen zusammengesetzt. Jedes Atom besteht aus einem Atomkern und Elektronen, die in unterschiedlichen Abständen um den Kern kreisen. Der Kern ist elektrisch positiv geladen, die Elektronen negativ. Das ganze Atom ist etwa 10 000- bis 100 000mal größer als der

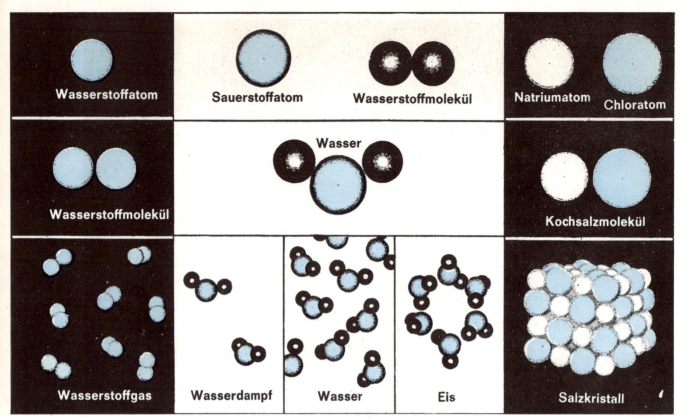

Zwei Wasserstoffatome verbinden sich zu einem Wasserstoffmolekül. Wasserstoffgas besteht aus Wasserstoffmolekülen.

Wenn sich zwei Wasserstoffatome mit einem Sauerstoffatom vereinigen, entsteht ein Wassermolekül. Im Wasserdampf liegen die Moleküle weit auseinander, im Wasser liegen sie enger zusammen. Im Eis bilden sie schön geformte Kristalle.

Ein Natriumatom und ein Chloratom verbinden sich zu einem Natriumchloridmolekül. Diese Moleküle bilden Salz.

Radius des Atomkerns. Das negative Elektron bewegt sich im Magnetfeld des positiven Kerns, wie sich die Erde und die anderen Planeten im Anziehungsbereich der Sonne bewegen.

Der Atomkern besteht aus einem oder mehreren positiv geladenen Protonen, diese und die negativen Elektronen sind in einem Atom stets in gleicher Anzahl vertreten.

Wie unterscheiden sich die Atome voneinander?

Der Unterschied zwischen den Atomen der einzelnen Elemente besteht in der verschiedenen Zahl von Protonen, die der Kern enthält. Das „leichteste" Atom ist das des Wasserstoffs, es enthält nur ein Proton und also auch nur ein Elektron. Das schwerste zur Zeit bekannte Atom ist das des Hahnium mit 105 Protonen in jedem Kern. Es wurde nach dem großen deutschen Chemiker Otto Hahn (1879—1968) benannt.

Die Zahl der Protonen im Atomkern wird von den Fachleuten als Kernladungszahl bezeichnet. Da man die Elemente nach ihrer Kernladungszahl ordnen kann, wird diese Zahl auch Ordnungszahl oder Atomnummer genannt. Die Reihenfolge der Elemente im Periodischen System entspricht der zunehmenden Kernladungszahl. Im Periodischen System hat also der Wasserstoff die Ordnungszahl 1 und das Hahnium die Ordnungszahl 105. Das Periodische System ist für den Chemiker ein wichtiges Arbeitspapier, da die Stellung eines Elementes in diesem System zahlreiche Auskünfte über Beschaffenheit, Eigenart und sein Verhalten zu anderen Elemente gibt.

Was ist ein Neutron?

Außer den Protonen kann der Atomkern noch elektrisch neutrale Teilchen, sogenannte Neutronen enthalten, deren Gewicht etwa dem eines Protons entspricht. Das Atom eines Elementes hat stets die gleiche Zahl Protonen, die Zahl der Neutronen dagegen kann schwanken. Das Wasserstoffatom zum Beispiel hat stets ein Proton und normalerweise kein Neutron. Eine seltene Abart dieses Atoms, das Deuterium, hat ein Proton und ein Neutron, das Tritium hat ein Proton und zwei Neutronen.

Diese Abarten nennt man „Isotope" (griechisch = derselbe Platz). Isotope haben die gleichen chemischen, aber andere physikalische Eigenschaften als die eigentlichen Atome ihres Elements.

Was ist ein Molekül?

Atome können mit anderen Atomen Gruppen bilden. Eine Gruppe kann aus zwei oder aus Hunderten von Atomen bestehen. Diese Atom-Gruppen nennt der Chemiker Moleküle. Manchmal vereinigen sich zwei Atome des gleichen Elements zu einem Molekül. Viele gasförmigen Elemente bestehen aus solchen Molekülen mit zwei Atomen, zum Beispiel Wasserstoff, Sauerstoff und Stickstoff.

Gewöhnlich besteht ein Molekül aus Atomen verschiedener Elemente. Wie schon gesagt, bestehen auch Verbindungen aus verschiedenen Elementen. Nun kann man hinzufügen, daß eine Verbindung aus Molekülen besteht. Wenn sich Elemente vereinigen und Verbindungen bilden, so heißt das zugleich, daß sich Atome vereinigen und Moleküle bilden.

Die Atome innerhalb eines Moleküls werden von starken Kräften, der sogenannten „chemischen Bindung", zusammengehalten. Diese elektromagnetischen Kräfte entstehen, wenn zwei Atome sich einander nähern und sich dabei die Elektronenhüllen (die Umlaufbahn der Elektronen) verformen.

Wie halten die Moleküle zusammen?

Weit schwächer sind die „zwischenmolekularen Kräfte", die den Zusammenhalt von Molekül zu Molekül bewirken. Diese Kräfte sind temperaturabhängig: Bei geringer Tempera-

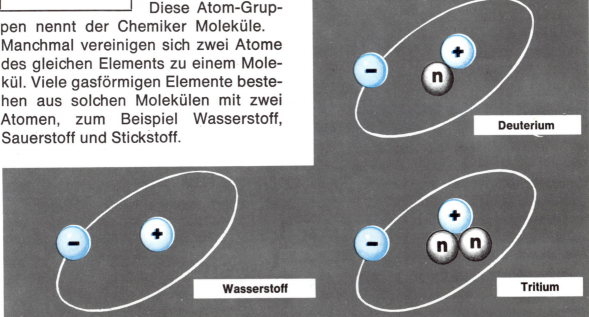

Das gewöhnliche Wasserstoffatom hat ein Proton, das Deuterium (schwerer Wasserstoff) ein Proton und ein Neutron, das Tritium ein Proton und zwei Neutronen. Atome desselben Elementes mit verschieden vielen Neutronen nennen die Chemiker und die Physiker Isotope.

tur sind sie am größten, der Stoff ist fest; mit steigender Temperatur nimmt die Kraft ab, der Zusammenhalt von Molekül zu Molekül wird kleiner, der Stoff wird erst flüssig und schließlich gasförmig.

Die Anzahl der Atome in einem Molekül ist verschieden. Anorganische Verbindungen enthalten selten mehr als 20 Atome pro Molekül. Organische Moleküle können dagegen bis zu einer Milliarde Atome enthalten.

Die Atome können sich in einem Molekül zu den verschiedensten Formen zusammenlegen. Sie können sich in Ketten- oder Reihenform verbinden, sie können sich aber auch zu Kreisen oder Ringen zusammenschließen.

Wie einige interessante Elemente entdeckt wurden

Die 105 Elemente, die man heute kennt, unterscheiden sich nicht nur durch ihre Eigenschaften und ihr Aussehen, sondern auch durch ihre Geschichte. Die Spuren einiger Elemente reichen zurück bis in die Frühgeschichte der Menschheit; wir werden nie erfahren, wann und von wem sie entdeckt worden sind. Andere Elemente, die in der Natur überhaupt nicht vorkommen, sind erst in den letzten Jahren im Laboratorium hergestellt worden, und es ist durchaus wahrscheinlich, daß sich die Zahl von 105 Elementen in Zukunft noch erhöhen wird.

Eines der Elemente, deren Entstehungsgeschichte wir genau kennen, ist der Phosphor. Seine Entdeckung verdanken wir der Alchemie.

Ein Ofen der Alchemisten

Henning Brand entdeckte den Phosphor

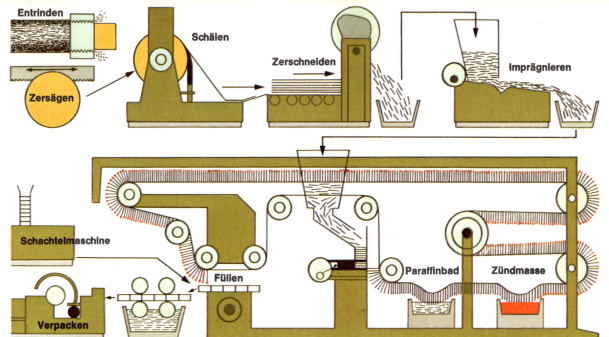

Moderne Zündholzproduktion und -verpackung

Welches Element leuchtet im Dunkeln?

Im Jahre 1669 versuchte der Hamburger Alchemist Hennig Brand, Gold aus billigeren Stoffen herzustellen. Da Gold als das vollkommenste Metall angesehen wurde, nannten es die Alchemisten „Edelmetall". Edler als Gold waren für Brand damals nur der menschliche Körper und alle Stoffe, die mit ihm in Verbindung standen. Solche Stoffe, so vermutete er, würden sich am ehesten in Gold verwandeln lassen. So kam Brand dazu, menschlichen Harn und Sand in einem Ofen zu erhitzen; für Alchemisten war es gang und gäbe, seltsame Kombinationen von Stoffen zu ersinnen. Als Brand seine Mischung aus dem erkalteten Ofen nahm, leuchtete sie in der Dunkelheit. Brand hatte natürlich kein Gold gemacht; vielmehr war ein weißlicher, wachsartiger Stoff entstanden. Dieser Stoff hatte in einer Verbindung gesteckt, die im Harn aufgelöst war. Brand nannte den leuchtenden Stoff Phosphor, auf deutsch „Lichtträger". Phosphor stellte sich als ein Element heraus; er konnte nicht in einfachere Teile zerlegt werden.

Woran starben die Arbeiter in den Streichholzfabriken?

Eineinhalb Jahrhundert nach seiner Entdeckung stellte man fest, daß Phosphor sich bei Reibung entzündet, wenn er mit anderen Stoffen vermischt wird. Diese Mischung wurde bald zur Herstellung von Streichholzköpfen verwandt. Aber da Phosphor sehr giftig ist, starben viele Arbeiter in den Streichholzfabriken. Sie hatten Dämpfe des erhitzten Phosphors eingeatmet. 1845 wurde eine andere Phosphorart — der ungiftige rote Phosphor — entdeckt. Er ist heute in der Reibflächenmasse der Streichholzschachteln enthalten. Im Laufe der Zeit wurden in allen Ländern Gesetze verabschiedet, die den Gebrauch von weißem Phosphor für die Herstellung von Streichhölzern verbieten.

Phosphor ist für alle Lebewesen unentbehrlich. Er ist wichtig für die Entwicklung gesunder Knochen und gesunder Zähne und ist auch am Aufbau aller anderen Körperzellen sowie an den Vorgängen des Energie- und Stoffwechsels beteiligt. Der Mensch nimmt Phosphor mit der Nahrung, vor allem in der Milch, in sich auf. Auch Pflanzen brauchen Phosphor; er ist Bestandteil der meisten Düngemittel.

25

Der englische Arzt John Mayow steckte 1670 eine lebende Maus und eine brennende Kerze in einen luftdichten Glasbehälter, der mit einer Pumpe verbunden war. Er pumpte die Luft aus dem Behälter: die Kerze erlosch und die Maus starb. Dies bewies Mayow die Richtigkeit seiner Annahme, daß die Luft einen lebensnotwendigen Stoff enthält.

Welches ist das häufigste Element?

Das auf der Erde am meisten vorkommende Element ist ein farbloses, geruchloses und geschmackloses Gas, das für unser Leben von größter Bedeutung ist. Dieses Element ist der Sauerstoff. Die Hälfte der Erdrinde, 89 Prozent des Wassers und 23 Prozent der Luft bestehen aus Sauerstoff, ebenso zwei Drittel der Körper aller Lebewesen und der Pflanzengewebe.
Gegen Ende des 15. Jahrhunderts schrieb der italienische Maler, Bildhauer und Naturforscher Leonardo da Vinci (1452–1519), daß die Luft zwei verschiedene Gase enthalte. Um 1670 stellte der britische Arzt John Mayow durch Tierexperimente fest, daß die Luft, die man einatmete, einen lebensnotwendigen Stoff enthält, der der ausgeatmeten Luft fehlt und auch von einer brennenden Kerze verbraucht wird. 1771 schließlich entdeckte und erzeugte der britische Priester und Naturwissenschaftler Joseph Priestley reinen Sauerstoff, ein Jahr später fand — unabhängig von Priestley — auch der schwedische Chemiker Karl Wilhelm Scheele dieses lebenserhaltende Element. Heute gelten beide Wissenschaftler als die Entdecker des Sauerstoffs.
Sauerstoff wird sowohl in der Forschung als auch in der Industrie gebraucht. In kleineren Mengen läßt der

Der französische Chemiker Antoine Lavoisier zeigte, daß Eisen und andere bestimmte Metalle zu rosten anfangen, wenn Sauerstoff sich langsam mit ihnen verbindet, und daß es zu einer Verbrennung kommt, wenn sich Sauerstoff schnell mit Elementen verbindet aus denen z. B. Holz besteht.

Im Jahre 1771 stellte der Engländer Joseph Priestley Sauerstoff her, indem er Sonnenstrahlen durch eine Linse auf Quecksilberoxyd fallen ließ.

Sauerstoff sich zum Beispiel so erzeugen, wie es Joseph Priestley vor über 200 Jahren gemacht hat: Man erhitzt Quecksilberoxid. Das ist ein rötliches Pulver, das aus den Elementen Quecksilber und Sauerstoff besteht. Schon bei mäßiger Erwärmung dieser Verbindung trennt der Sauerstoff sich vom Quecksilber.

Kleine Mengen Sauerstoff lassen sich auch erzeugen, indem man Strom durch Wasser leitet. Die Elektrizität trennt die Atome des Wassermoleküls voneinander, das Wasser zerfällt in Wasserstoff und Sauerstoff.

Wie wird Sauerstoff industriell erzeugt?

In der Industrie wird viel Sauerstoff gebraucht. Hier reichen die soeben beschriebenen Verfahren nicht aus. Große Mengen Sauerstoff gewinnt man aus der Luft, die zu etwa einem Fünftel aus freiem, also ungebundenem Sauerstoff besteht. Um die Luft von den zehn anderen Gasen, die in ihr enthalten sind, zu trennen, wird sie unter starkem Druck abgekühlt und verflüssigt. Nun wird der Druck allmählich verringert und die Luft wieder erwärmt.

Jedes der Gase, die sich in dem Gemenge Luft befinden, verdampft bei einer anderen Temperatur, das heißt, jedes Gas hat einen anderen Siedepunkt. Sauerstoff verdampft bei −183° C. Beim Verdampfen wird er in anderen Gefäßen aufgefangen und in Stahlflaschen bei einem Druck von 140 Atmosphären aufbewahrt.

Was haben brennendes Holz und rostendes Eisen gemeinsam?

Auf den ersten Blick ist es kaum glaubhaft, daß zwischen einem brennenden Streichholz und einem rostenden Nagel ein Zusammenhang bestehen soll. Aber — er besteht tatsächlich! Wenn ein Streichholz verbrennt, verbindet sich der Sauerstoff **schnell** mit den Elementen, die in dem Holz vorhanden sind. Wenn ein Nagel rostet, verbindet sich der Sauerstoff **langsam** mit dem Eisen. In beiden Fällen findet eine Verbrennung statt, und in beiden Fällen wird Wärme erzeugt. Die Wärme beim Verbrennen des Streichholzes ist leicht zu beweisen; aber auch die Wärme beim rostenden Nagel kann gemessen und nachgewiesen werden.

In der Lunge entnimmt das Blut der eingeatmeten Luft den Sauerstoff und transportiert ihn durch die Arterien zu den Muskeln und den Geweben. Dort verbindet sich der Sauerstoff mit den Nährstoffen und erzeugt die Energie, die der Körper braucht. Solange das Herz schlägt, wird Energie verbraucht; solange müssen auch Nährstoffe im Körper verbrannt werden. Wenn ein Mensch keine Luft mehr bekommt, beim Ertrinken zum Beispiel, bekommt das Herz keinen Sauerstoff mehr und hört auf zu schlagen. Sauerstoff ist also für jedes Lebewesen das wichtigste Element.

Warum sind Diamanten so hart?

Kohlenstoff gibt es in verschiedenen Formen — als Kohle, als verbranntes Stück Holz, als „Blei" des Bleistiftes, als Ruß einer brennenden Kerze oder sogar als Diamant. All das sind Formen des Elementes Kohlenstoff.

Ein Haus brennt und ein Nagel rostet — in beiden Fällen verbindet sich Sauerstoff mit anderen Elementen, es findet eine Verbrennung statt.

Der Diamant ist das härteste Mineral der Welt. (Nur eine jetzt gefundene synthetische Verbindung aus Kohlenstoff und Bor ist noch härter). Ein Diamant ist so hart, weil die Kohlenstoffatome, aus denen er besteht, sehr eng beieinander liegen. Diese Dichte bewirkt, daß das Licht, das einen Diamanten durchläuft, besonders stark gebrochen wird; es tritt hell glänzend und mit lebhaftem Farbenspiel aus dem Diamanten heraus. „Glanz" und „Feuer", wie der Fachmann sagt, machen den Diamanten so wertvoll. Steine, die völlig durchsichtig und nicht mit fremden Elementen durchsetzt sind, sind sehr selten und daher noch wertvoller.
Reine und besonders farbenprächtige Diamanten werden zu Brillanten geschliffen und als Schmucksteine verkauft. 75 Prozent der Produktion werden jedoch als Industrie-Diamanten zum Bohren, Drehen, Schleifen, Schneiden und zu vielen anderen formgebenden Arbeiten verwendet.

Seit 1955 werden Diamanten in den USA synthetisch, das heißt künstlich, hergestellt:

Wie stellt man künstliche Diamanten her?

Holzkohle, eine Form des Kohlenstoffs, wird mit geschmolzenem Eisen gemischt. Wenn das Eisen plötzlich abgekühlt wird und sich zusammenzieht, preßt es dabei mit ungeheurem Druck die Kohlenstoffatome zusammen, die zu kleinen Diamanten kristallisieren. Bei dieser Produktionsmethode werden Drücke von 110 000 at und Temperaturen über 3000° C verwendet.

Das Blei im Bleistift besteht in Wirklichkeit nicht aus dem Element Blei, sondern aus einer Kohlenstoffart, dem Graphit, von griechisch „graphein" = schreiben. (Früher hatten die Bleistifte tatsächlich dünne Bleistäbe.) Die Kohlenstoffatome haben sich im Graphit zu

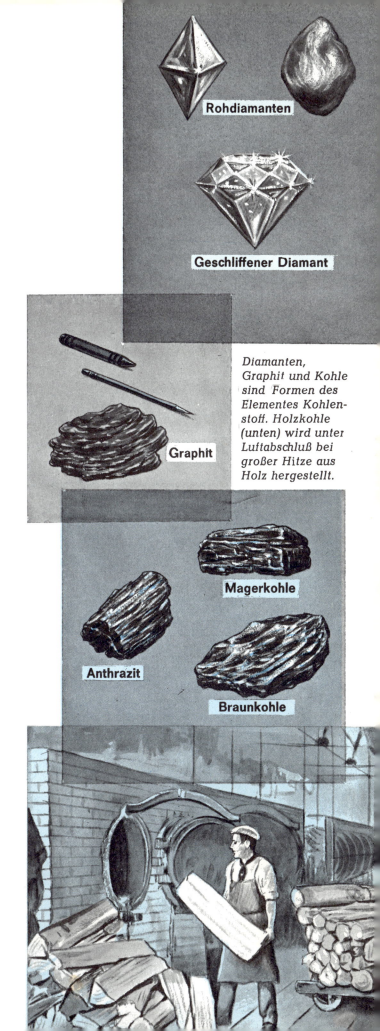

Diamanten, Graphit und Kohle sind Formen des Elementes Kohlenstoff. Holzkohle (unten) wird unter Luftabschluß bei großer Hitze aus Holz hergestellt.

Im feuchtwarmen Klima der Steinkohlen- oder Karbonzeit vor etwa 300 Millionen Jahren gediehen riesige Farnbäume und gewaltige Schachtelhalme. Sie versanken im Schlamm und wurden zu Steinkohle. Aus den Bäumen des Tertiärs vor 70 Millionen Jahren entstanden die heutigen Braunkohlenlager.

dünnen Platten verbunden. Diese Platten liegen schichtweise aufeinander und können leicht übereinander hingleiten. Daher lösen sich Graphitteilchen leicht vom Bleistift und hinterlassen eine Linie auf dem Papier, auf dem man schreibt. Pulverförmiger Graphit wird statt Öl als Schmiermittel für Maschinen verwendet.

Beim Schreiben mit dem Bleistift lösen sich Graphitplättchen und bilden eine Linie.

Wie wird Holzkohle hergestellt?

In der dritten Kohlenstoffart — Holzkohle und Ruß — sind die Atome in Form von ineinandergreifenden Schuppen angeordnet. Dieser Kohlenstoff heißt amorpher (gestaltloser, ungeordneter) Kohlenstoff. Holzkohle wird durch Verbrennung von Holz bei ungenügender Luftzufuhr hergestellt, Ruß durch Verbrennung von Naturgasen unter ähnlichen Bedingungen. Dabei werden die anderen Bestandteile des Holzes und des Gases beseitigt, so daß fast reiner Kohlenstoff zurückbleibt.

Ruß wird für viele Dinge gebraucht. Es kann mit bestimmten Ölen zu Druckerschwärze vermischt werden; auch die Farbe eines Schreibmaschinen-Farbbandes und die Oberfläche des Kohlepapiers enthalten Ruß. Ruß wird auch dem Gummi beigemischt, um dessen Haltbarkeit zu steigern. Jeder Autoreifen enthält einige Pfund Ruß.

> **Wie ist die Kohle entstanden?**

Kohlen sind die Reste von Pflanzen, vor allem von riesigen, bis 30 m hohen Farnen, die vor rund 250 Millionen Jahren gewachsen sind. Als diese Farnwälder versumpften und schließlich von Sand und Gesteinen luftdicht abgedeckt wurden, wandelten sich die pflanzlichen Stoffe allmählich in kohlenstoffreiche Verbindungen um. Die verschiedenen Wärme- und Druckbedingungen während dieser Umwandlung bestimmen die Qualität und die chemische Zusammensetzung der Kohle. So hat die Magerkohle nur 88 Prozent, Anthrazit dagegen 95 Prozent reinen Kohlenstoff.

Steinkohle ist eine harte, oft glänzende Kohlenart, die als Gestein aufgefaßt wird. Sie wird in Deutschland hauptsächlich im Ruhrgebiet und im Saargebiet gefunden. Jährlich werden über 150 Millionen Tonnen gefördert. Sie werden vor allem zum Heizen von Häusern und zur Energiegewinnung für Fabriken verbrannt. Ein beträchtlicher Teil der Kohle wurde zur Herstellung von Kunststoffen, Farben und Lacken, Parfum, Sprengstoff und Arzneien verwendet. Wie geschieht das?

Die Kohle wird in großen luftleeren Öfen bis zur Rotglut erhitzt. Da in den Öfen kein Sauerstoff vorhanden ist, verbrennt die Kohle nicht, sondern zerfällt in die Stoffe, aus denen sie besteht, vor allem Rohgas, Teer, Koks und Ammoniak. Das Gas wird gewöhnlich zur Heizung und zum Kochen verwendet, aus dem Ammoniak gewinnt man das Düngemittel Ammoniumsulfat, und Koks brauchen die Eisen- und Stahlwerke für das Schmelzen der Eisenerze.

Durch Zerlegen des Kohlenteers in seine Hauptbestandteile Benzol, Toluol, Phenol, Anthrazen und Naphthalin kann man zahlreiche Verbindungen herstellen — von Vanille-Essenzen und Arzneien über Parfums bis zum Sprengstoff TNT (Trinitrotoluol). Heute werden allerdings die meisten Chemie-Produkte aus Erdöl hergestellt.

Abbau der Kohle mit dem Preßlufthammer: Bergmann in einer Zeche, 975 m unter Tage.

Wozu braucht man Eisen und Stahl?

Ohne Eisen und Stahl ist unsere moderne Zivilisation nicht denkbar. Die Festigkeit des Eisens, die Härte und die elastische Zähigkeit des Stahls haben es ermöglicht, Wolkenkratzer, Ozeandampfer, Flugzeuge, Mondraketen, Eisenbahnen, Autos und viele andere Maschinen und Werkzeuge zu bauen, denen wir unsere industrielle Zivilisation verdanken.

Eisen ist nach Sauerstoff, Silicium und Aluminium das in der Erdkruste häufigste Element. Da der Erdkern wahrscheinlich zum größten Teil aus Eisen besteht, ist dieses Metall mit 40 Gewichtsprozenten das häufigste Metall der Erde.

In der Erdkruste kommt das Eisen in Form von Eisenerz vor. Dieses Erz besteht aus Eisen, das mit Sauerstoff verbunden ist, und anderen Mineralien. Um Eisen verarbeiten zu können, muß es vom Sauerstoff und von den Mineralien getrennt werden. Dazu wird das Erz mit Holzkohle oder mit Koks erhitzt. Dabei löst sich der Sauerstoff vom Eisen und verbindet sich mit dem Kohlenstoff, das Eisen bleibt ungebunden zurück.

Wie wird aus Eisenerz Roheisen?

Das alles geschieht in großen Öfen, den sogenannten Hochöfen. Das sind 10 bis 30 m hohe Stahlzylinder, die mit feuerfesten Steinen ausgemauert sind. Unten im Hochofen wird Feuer gemacht, Eisenerz und Koks werden von oben hineingeschüttet. Durch Röhren, die um den unteren Teil des Hochofens laufen, wird fortwährend ein starker Luftstrom in den Ofen geblasen, um das Feuer sehr heiß zu machen.

Das geschmolzene Eisen trennt sich von den Mineralien und sammelt sich auf dem Boden des Hochofens. Es ist flüssig wie Wasser. Alle drei bis sechs Stunden wird unten am Hochofen ein Loch geöffnet, das Eisen wird „abgestochen", das heißt, es fließt in glühendheißem Strom aus dem Hochofen in Gießformen, die mit Sand ausgekleidet sind. Ein Hochofen liefert bis zu 4000 t Roheisen täglich; jedes Eisenhüttenwerk besteht gewöhnlich aus acht oder zehn Hochöfen, die in zwei Reihen nebeneinander stehen.

Roheisen ist hart und fest, aber es ist spröde und kann nicht geschmiedet werden. Die Industrie braucht aber auch Eisen, das zäh, hart und schmiedbar ist. Dieses Eisen nennt man Stahl.

In Hochöfen wird das Metall von anderen Mineralien getrennt.

Beim sogenannten Windfrischverfahren werden pro Minute 560 m³ Luft durch flüssiges Eisen geblasen. Im Thomas-Verfahren (Foto), einer Verbesserung des Bessemer-Verfahrens, werden pro Konverter in einer Viertelstunde etwa 90 t Roheisen in Stahl verwandelt. Neuerdings gewinnt man Stahl auch in sogenannten Elektroöfen: Dabei wird nicht mehr Luft durch das Roheisen geblasen; die nötige Hitze wird von einem Lichtbogen erzeugt, dessen Strom durch das flüssige Roheisen hindurchgeht. Elektroöfen werden bis zu 250 t Schmelzgewicht gebaut.

Wie wird Stahl hergestellt?

Stahl erhält man, wenn man dem Eisen den Kohlenstoff bis auf 1,5 Prozent entzieht. Stahl ist sehr zäh und hart und kann leicht gegossen, gewalzt, gezogen und geschmiedet werden. Stahl ist sehr widerstandsfähig und beständig gegen Stoß, Schlag, Druck und Zug. Im Mittelalter wurde in Toledo (Spanien) und in Damaskus Stahl von außerordentlicher Qualität hergestellt. Die Degen aus diesen zwei Städten wurden wegen der Biegsamkeit und der Härte des Stahls hoch geschätzt. Man konnte die Klinge bis zum Griff herumbiegen, ohne daß sie brach. Auch Rüstungen wurden aus Stahl gemacht.

Eine der Anlagen, in denen Roheisen in Stahl verwandelt wird, ist die Bessemer-Birne. Ihr Erfinder war der Engländer Henry Bessemer. Der nach ihm benannte Ofen hat die Form einer Birne; er ist 3,50 bis 4,50 m hoch und besteht aus Eisenplatten, die mit feuerfesten Steinen ausgemauert sind. Die Besse-

Hochofen während des Abstiches. Eisenerze sind Verbindungen des Eisens mit Sauerstoff und anderen Elementen. Der Koks, der im Hochofen verbrannt wird, liefert den Kohlenstoff, mit dem sich der Sauerstoff der Erze verbindet und entwickelt die für diese Umwandlung nötige Hitze (1600—1700° Celsius). Die anderen Elemente, die im Erz enthalten waren, verlassen den Ofen in Form schmelzflüssiger Schlacke.

Erz vor den Hochöfen eines Hüttenwerkes im Ruhrgebiet. Das Eisenerzvorkommen in der Bundesrepublik wird auf etwa 2,8 Milliarden t geschätzt; das sind rund 840 Mill. t Eisen

mer-Birne hängt an zwei dicken, hohlen Eisenrohren, die auf halber Höhe links und rechts angebracht sind, so daß sie gekippt werden kann. Die feuerfeste Auskleidung wird durch Kohle- oder Ölfeuerung bis zur Weißglut erhitzt. Die Bessemer-Birne wird gekippt, mit 15 bis 60 t geschmolzenem Roheisen gefüllt und wieder aufgerichtet. Dann werden durch eines der hohlen Stützrohre etwa 600 cbm Luft pro Minute hindurchgeblasen. Die Luft tritt von unten in die Bessemer-Birne ein und strömt durch das geschmolzene Eisen nach oben. Auf diese Weise werden die Verunreinigungen im Eisen verbrannt. Der Vorgang ist sehr eindrucksvoll: Eine große Flamme schießt mit viel Getöse und großem Funkenregen oben aus der Bessemer-Birne. Nach 10 bis 18 Minuten erlischt die Flamme. Die Bessemer-Birne wird wieder gekippt, und es wird ein Gemenge von Mangan und Kohlenstoff zum Eisen hinzugegeben.

In modernen Stahlwerken arbeitet man heute meist mit dem Siemens-Martin-Ofen oder nach dem Elektrostahlverfahren. In beiden Fällen wird das Roheisen und der Schrott in einer großen, flachen, oben offenen Wanne geschmolzen. Der zur Stahlerzeugung nötige Sauerstoff wird im Siemens-Martin-Ofen den durchstreichenden Verbrennungsgasen, im Elektroofen der über der Wanne befindlichen Luft sowie in beiden Fällen sauerstoffhaltigen Zusätzen entnommen. Beim Siemens-Martin-Ofen streichen Flammen einer

Torpedopfannenwagen mit einem Fassungsvermögen von 165 t für den Transport von flüssigem Roheisen (ca. 1400° C) vom Hochofenwerk Rheinhausen über das öffentliche Schienennetz zu einem 40 km entfernten Stahlwerk in Bochum. Der Schwertransportwagen ist 34 m lang und wiegt 374 t. Nach der Füllung mit Roheisen wird der Spezialbehälter mit einem Deckel verschlossen.

sehr heißen Gas- oder Ölfeuerung über das Roheisen; beim Elektroofen erfolgt die Beheizung durch die Lichtbögen zwischen großen Kohlestäben.

Organische Chemie

Mit welcher Entdeckung begann die organische Chemie?

Im Jahre 1828 stellte der junge deutsche Chemiker Friedrich Wöhler in seinem Laboratorium die chemische Verbindung Harnstoff her. Harnstoff wird in den Nieren des Menschen und vieler Tierarten gebildet und ist ein Abfallstoff des Körpers.

Die Nachricht von dieser Leistung erstaunte die Fachwelt. Warum?
Bis dahin hatte man angenommen, daß alle tierischen und pflanzlichen Stoffe einen Bestandteil enthielten, den man „Lebenskraft" nannte. Ohne diese Lebenskraft, so glaubte man, könne man keinen Stoff herstellen, aus dem Pflanzen und Tiere bestehen. Mit der Herstellung von Harnstoff im Laboratorium

Als dem deutschen Chemiker Friedrich Wöhler 1828 die Herstellung der Verbindung Harnstoff gelang, begannen die Naturwissenschaftler, die organische Chemie zu erforschen. Bis dahin hatte man es für unmöglich gehalten, Stoffe, die in Pflanzen und Tieren vorkommen oder von ihnen erzeugt werden, aus toten, also anorganischen Stoffen herzustellen.

hatte Wöhler diese „Lebenskraft"-Theorie zerstört.

Nun entwickelte sich schnell die Chemie der lebenden Dinge. Man nannte sie „organische Chemie" oder „Kohlenstoff-Chemie". Da dieser Chemiezweig mit lebenden Organismen zu tun hat, ist leicht zu begreifen, wie der Name „organische Chemie" zustande kommt. Nach Wöhlers Entdeckung erkannten die Chemiker aber auch, daß alle diese Verbindungen Kohlenstoff enthalten. Daher wird dieses Gebiet auch „Kohlenstoff-Chemie" genannt.

Wieviel organische Verbindungen kennt man bis heute?

Seit Wöhlers Entdeckung haben die Chemiker über eine Million organische Kohlenstoffverbindungen gefunden. Kohlenstoff kann mehr Verbindungen bilden als alle anderen Elemente zusammen. Das liegt daran, daß Kohlenstoffatome sich in Form langer Ketten und Ringe mit anderen Atomen verbinden können. Kohlenstoffmoleküle enthalten meist Hunderte, oft auch Tausende von Atomen. Zu den bekanntesten Kohlenstoffverbindungen gehören Zucker, Stärke, Eiweiß, Cellulose (aus der Holz und Papier bestehen), Alkohol, Seife, Fette und alle Kunststoffe.

Viele Verbindungen bestehen nur aus Kohlenstoff und Wasserstoff; zu diesen „Kohlenwasserstoffen" gehören Erdgas, Heizöl, Benzin und Paraffin. Verbindungen aus Kohlenstoff, Wasserstoff und Sauerstoff heißen „Kohlenhydrate"; man findet sie vor allem in Form von Zucker, Mehl, Reis, Teigwaren und Kartoffeln.

Bei der Arbeit mit solchen Verbindungen trennt der Chemiker die Glieder der Kohlenstoffketten und stellt sie wieder zu anderen Kombinationen zusammen. Um verstehen zu können, was in der organischen Chemie geschieht,

Die Anzahl der Kohlenstoffverbindungen ist sehr groß und übersteigt bei weitem die Zahl aller anderen Verbindungen. Besonders wichtige Kohlenstoffverbindungen sind die Kohlenhydrate, die Fette und die Eiweiße. Das Bild zeigt einige der bekanntesten Produkte, die auf Kohlenstoffverbindungen basieren.

stellen wir uns das Kohlenstoffatom einmal als winzigen Ball vor, der ringsherum vier Haken hat. (In Wirklichkeit sind diese „Haken" natürlich nichts anderes als die schon auf Seite 23 erwähnte „chemische Bindung" von Atom zu Atom.) Diese Haken können sich mit anderen Kohlenstoffatomen oder den Atomen anderer Elemente zusammenhaken.

Viele Kohlenwasserstoffmoleküle haben sechs Kohlenstoffatome, die ringförmig verbunden sind. Lange versuchten die Chemiker vergeblich, herauszufinden, wie dieser Ring gebildet wird. Zwei Häkchen bildeten die Verbindung zu den benachbarten Atomen, ein drittes verband ein anderes Atom, zum Beispiel ein Wasserstoffatom, mit dem Ring. Wenn es nun aber ein viertes Häkchen geben sollte – wohin damit? In allen chemischen Verbindungen muß jeder Haken irgendwo gebunden sein, freie Haken gibt es nicht in der Chemie.

Welches chemische Problem wurde im Traum gelöst?

Der deutsche Chemiker Friedrich Kekulé von Stradonitz (1829–1865), der an diesem Problem arbeitete, hielt eines Tages seinen Nachmittagsschlaf. Im Traum sah er die sechs Kohlenstoffatome herumtanzen. Plötzlich bildeten sie einen Ring, und jedes Häkchen hatte ein Gegenhäkchen gefunden.

Als Kekulé erwachte, erinnerte er sich seines Traumes — das Problem mit den vier Haken war gelöst. Die Anordnung, die der Chemiker geträumt hatte, ist auf dieser Seite unten abgebildet.

Kekulés Traum löste das Rätsel der ringförmigen Kohlenstoffverbindung. Die Anordnung, die er träumte, entsprach der chemischen Formel für Benzol, das im Steinkohlenteer enthalten ist.

Was ist der Grundstoff jeder Nahrung?

Es klingt merkwürdig, aber es stimmt: Fleisch ist umgewandeltes Gras. Wenn Schafe und Rinder Gras fressen, wird es in ihrem Körper zu Fleisch umgewandelt. Tiger fressen kein Gras, aber sie fressen Rinder und Schafe. Im Körper des Tigers wird aus dem Rindfleisch Tigerfleisch. So entsteht auf dem Umweg über das Rind das Tigerfleisch aus Gras.

Blattläuse saugen Saft aus Rosenbüschen. Heuschrecken fressen Blattläuse, Vögel fressen Heuschrecken, Raubvögel fressen Vögel. Also leben auch Raubvögel letztlich von Gras.

Der menschliche Körper wächst und lebt, weil er Pflanzen und Tiere als Nahrung aufnimmt. Auch er lebt also von Gras. Mit einem Wort: Jedes tierische Lebewesen braucht die Pflanzen als Nahrungsgrundstoff.

Was geschieht bei der Photosynthese?

Grüne Pflanzen stellen ihre Nahrung selber her. Dazu brauchen sie zwei Stoffe: Wasser und Luft. Der geheimnisvolle Vorgang, der die Nahrungsproduktion ermöglicht, heißt „Photosynthese". Das kommt aus dem Griechischen und bedeutet etwa „Verknüpfung durch Licht".

Luft ist bekanntlich ein Gasgemenge mit einem geringen Anteil Kohlendioxid. Die Pflanzen atmen mit der Luft das Kohlendioxid ein. Das geschieht durch Spaltöffnungen, die sich an allen grünen Pflanzenteilen befinden. Aus dem Wasser und dem Kohlendioxid stellt die Pflanze ihre Nahrung, den Traubenzucker, her. Wie macht sie das? Jedes grüne Blatt ist eine kleine Fabrik. Die Zellen sind die Maschinensäle, die Blattgrünkörnchen — das Chlorophyll — sind die Maschinen. Das

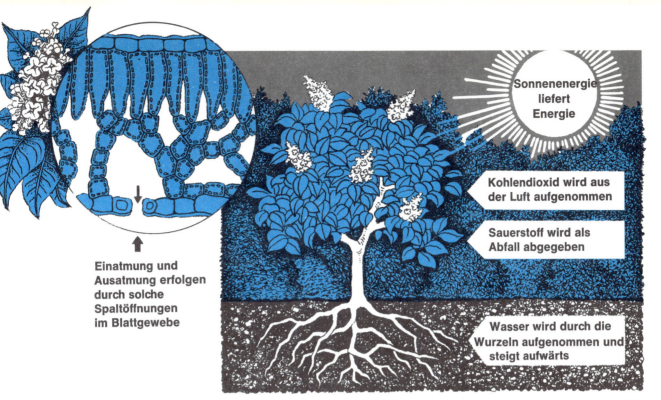

Pflanzen atmen Kohlendioxid ein und Sauerstoff aus. Als Atmungsorgane benutzen sie kleine Spaltöffnungen im Gewebe. Mit Hilfe der Photosynthese stellen alle grünen Pflanzen ihre Nahrung selber her.

Kraftwerk dieser Fabrik ist das Sonnenlicht. Aus dem Wasser, das aus den Wurzeln aufsteigt, entnimmt die Pflanze den Wasserstoff, aus der Luft das Kohlendioxid. Aus diesen beiden Stoffen erzeugt sie Kohlenhydrate in Form von Traubenzucker (Glukose). Den bei diesem Prozeß freiwerdenden Sauerstoff atmet die Pflanze aus.

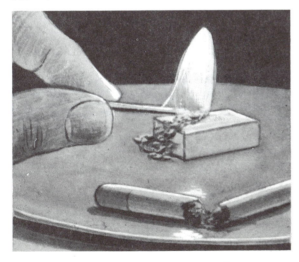

Katalysatoren sind chemische Stoffe, die chemische Reaktionen ermöglichen oder beschleunigen, ohne an ihnen selber teilzunehmen. Zucker zum Beispiel brennt nur, wenn man ihn mit Zigarren- oder Zigarettenasche bestreut.

Was ist ein Katalysator?

Das Chlorophyll spielt bei der Photosynthese eine interessante Rolle. In einer grünen Pflanze verbinden sich je sechs Moleküle Wasser mit sechs Molekülen Kohlendioxid unter Einwirkung der Sonnenenergie zu je einem Molekül Traubenzucker und drei Molekülen Sauerstoff. Wasser und Kohlendioxid könnten sich ohne das Chlorophyll nicht miteinander verbinden. Denn Chlorophyll ist ein Katalysator; das ist ein Stoff, der erst eine Verbindung ermöglicht, selbst aber an dieser Verbindung nicht teilnimmt. Das Wort Katalysator kommt aus dem Griechischen und bedeutet „vollkommen frei".

Nach der Herstellung von Traubenzucker finden in der Pflanze weitere chemische Vorgänge statt. Ein Teil der Glukose wird als Stärke in den Pflanzenwurzeln gespeichert, aus einem anderen Teil stellt die Pflanze Cellulose für ihr weiteres Wachstum her.

Die Cellulose ist die weitaus häufigste organische Verbindung. Sie bildet den Hauptbestandteil fast aller Pflanzen. Der gegenwärtige Gesamtbestand an Cellulose in der Natur wird auf 660 Milliarden t geschätzt.

Cellulose ist ein Kohlenhydrat, basiert also auf dem Kohlenstoff. 10 000 Liter Luft enthalten etwa zwei Gramm Kohlenstoff. Eine kleine Pflanze, die 10 g Kohlenstoff enthält, mußte also 50 000 Liter Luft durch ihre Spaltöffnungen in sich aufnehmen.

Nach der Herstellung von Glukose, Stärke und Cellulose arbeitet die Fabrik in der Pflanze aber noch weiter. Über die Wurzeln gelangt ja ständig Wasser in die Pflanze. Es bringt viele Mineralstoffe mit, die im Wasser des Erdreichs aufgelöst sind. Die Pflanze verbindet diese Mineralstoffe mit Produkten der Photosynthese zu Eiweiß. Auch Fette und Öle entstehen. Weiße und braune Bohnen enthalten viel Eiweiß, Nüsse viel Fett.

Warum leben Tiere und Pflanzen in Symbiose?

Seit vielen Millionen Jahren gibt es Tiere und Menschen auf der Welt, die alle Sauerstoff verbrauchen. Eigentlich müßte der Sauerstoff-Vorrat unserer Erde längst aufgebraucht, und wir müßten erstickt sein. Warum sind wir das nicht?

Die Pflanzen erzeugen bei der soeben besprochenen Photosynthese den Sauerstoff, den Mensch und Tier einatmen, um die in den Körper aufgenommenen Nährstoffe verbrennen zu können. Mensch und Tier wiederum atmen dabei das Kohlendioxid aus, das die Pflanzen für die Photosynthese brauchen — ein ewiger Kreislauf. So leben Pflanzenwelt und Tierwelt in echter Symbiose (griechisch: Zusammenleben zu gegenseitigem Nutzen): Kein tierisches Leben ist daher ohne Pflanzen denkbar und kein pflanzliches Leben ohne Tiere.

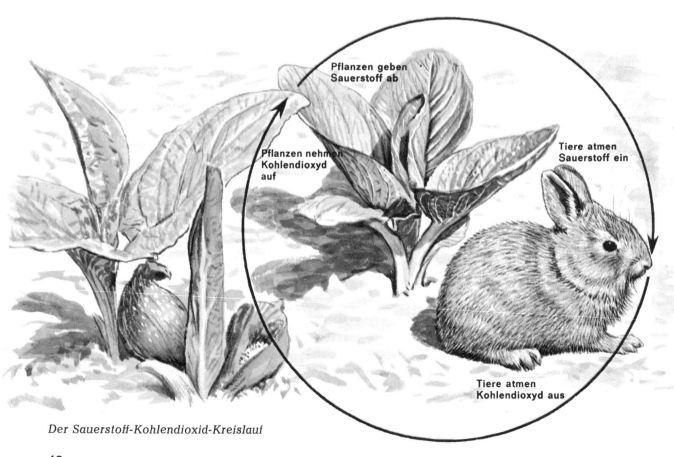

Der Sauerstoff-Kohlendioxyd-Kreislauf

Aus einer Million Kunststoff-Steinen entstand diese Mini-Stadt „Legoland". Die Steine bestehen aus Polyacrylharz, einem licht- und wetterbeständigen Kunststoff.

Das Zeitalter der Kunststoffe

Wann begann die Chemie der Kunststoffe?

Im Jahr 1839 gelang dem amerikanischen Chemiker Charles Goodyear erstmals die Vulkanisation des Kautschuks; d. h., er entdeckte, wie man aus einer durch Kneten verformbaren Gummimischung elastischen Kautschuk machen kann. 1869 wurde das erste Celluloid erfunden, und 1909 stellte der Belgier L. H. Baekeland zum erstenmal den harzähnlichen, vollsynthetisch hergestellten Kunststoff Bakelit her. Mit diesen drei Erfindungen begann das Zeitalter der Kunststoffe.
Heute gibt es weit über 3000 verschiedene Kunststoffe. Nichts hat sich seit der Erfindung des Eisens unser Leben so verändert wie die Kunststoff-Chemie. Ohne ihre Produkte gäbe es keine moderne Technik und keine moderne Medizin. In den Apollo-Kapseln, mit denen die ersten Menschen zum Mond flogen, waren allein 40 Kunststoff-Arten verarbeitet; ohne Kunststoff wäre jeder Computer nur ein Haufen Schrott.
Die Kunststoff-Produktion wächst von Tag zu Tag, kein anderer Industriezweig hat ähnliche Erfolge. Die Bundesrepublik steht an der Spitze der Verbraucher-Liste: 52 kg pro Kopf/Jahr. Schon in wenigen Jahren wird mehr Kunststoff produziert werden als Stahl, vier von fünf Möbeln werden aus Kunststoff sein.

Allein in den USA leben etwa 25 000 Kranke mit Herzklappen aus Kunststoff, über eine Million Menschen in aller Welt haben andere Kunststoff-Ersatzteile in ihrem Körper. Der Vereisungsschutz auf Flugzeugtragflächen besteht aus dem gleichen Kunststoff wie der Witterungsanstrich an Häusern. Buntglasfenster in modernen Kirchen sind aus dem gleichen Material wie die Flugzeugkanzeln, Autostraßen werden durch Kunststoff-Beimengungen frostsicher gemacht.

Wieviel Menschen leben mit Kunststoff im Körper?

Wie werden Kunststoffe hergestellt?

Kunststoffe sind durch chemische Prozesse industriell hergestellte Werkstoffe, die es in der Natur nicht gibt. Kunststoffe werden aus organischen Substanzen aufgebaut und enthalten ganz oder zum Teil Kohlenstoffverbindungen hauptsächlich mit Sauerstoff, Wasserstoff, Stickstoff, Ammoniak und Chlor. Für die Herstellung von Kunststoff werden vornehmlich Erdöl, Erdgas, Stein- und Braunkohle sowie Luft, Wasser, Steinsalz und Kalk verwendet.

Ihre besonderen chemischen und physikalischen Eigenschaften verdanken die Kunststoffe ihrem „makromolekularen" Aufbau, das heißt, sie bestehen aus Riesenmolekülen, in denen sich eine große Anzahl gleicher oder gleichartiger Atomgruppen zu den sogenannten „Makromolekülen" zusammengeschlossen haben. Einer der wichtigsten Kunststoffe, das Polyäthylen, kurz PE genannt, entsteht, indem sich jeweils sehr viele Moleküle der Kohlenwasserstoffverbindung Äthylen zu einem Makromolekül PE verbinden. „Poly", von griechisch „polys", heißt „viel".

Kunststoffe sind in der Regel hart,

einige auch weich oder knetbar. Sie sind leicht und isolieren gegen Elektrizität und Wärme. Sie sind beständig gegen Wasser und die meisten Chemikalien. Sie lassen sich leicht reinigen; Nahrungsmittel werden durch engen Kontakt mit Kunststoffen nicht beeinträchtigt. Wegen dieser und vieler anderer positiver Eigenschaften haben die Kunststoffe an vielen Stellen herkömmliche Naturstoffe, wie zum Beispiel Metalle und Holz, verdrängt.

Welche Nachteile haben Kunststoffe?

Den Vorteilen stehen aber auch Nachteile gegenüber. Kunststoffe sind oft nicht sehr temperaturbeständig. Beim Waschen und Bügeln von Kleidungsstücken aus Kunststoff (Chemiefasern) wird das besonders deutlich. Kunststoffe sind meist nicht kratzfest. Fast alle sind Nichtleiter; sie laden sich daher leicht auf und ziehen Staubteilchen an.

Der wichtigste Nachteil: Bei der Produktion und der Vernichtung von Kunststoffen kann Gift entstehen. In dem japanischen Fischerdorf Minamata starben 1960 43 Einwohner und 100 erkrankten, weil in einer nahe gelegenen Fabrik Kunststoff hergestellt wurde. Das dabei verwendete Quecksilber wurde anschließend in das Meer geleitet und von den Fischen und Muscheln aufgenommen, von denen sich die Bevölkerung des Dorfes hauptsächlich ernährte.

Ein großer, täglich ansteigender Anteil des Mülls, der auf den Müllplätzen verbrannt wird, besteht aus dem Kunststoff Polyvinylchlorid (PVC). Bei der Verbrennung von PVC entsteht Chlorwasserstoff, der sich mit der Luftfeuchtigkeit zu Salzsäure verbindet.

Staat und Industrie versuchen seit etwa 1960, die Umweltschäden bei Herstellung und Vernichtung des Kunststoffes möglichst gering zu halten.

Aus Kunststoff: Hochleistungs-Segelflugzeug

Aus Kunststoff: Karosserie der „Corvette"

Aus Kunststoff: Segelboot und Segel

Aus Kunststoff: Röhren bis 1 m Durchmesser

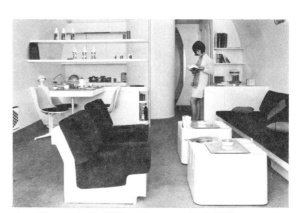
Aus Kunststoff: Röhrenhaus und Mobiliar

Aus Kunststoff: Autobahn-Schilder

Aus Kunststoff: Wannen im Spritzguß

Kontaktkessel mit Zu- und Ableitungen in einem großen Chemiewerk.

Kunststoffe (in der DDR heißen sie Plaste) werden im allgemeinen nach ihrer Verwendbarkeit eingeteilt. Man unterscheidet zwischen Thermoplasten, Duroplasten und Elastomeren.

Thermoplaste sind Kunststoffe, die in erwärmtem Zustand wiederholt und ohne chemische Veränderung verformt werden können. Zu den Thermoplasten gehören unter anderem die schon erwähnten Kunststoffe Polyäthylen (PE), Polyvinylchlorid (PVC) und die Polyacrylharze.

Duroplaste sind Kunststoffe, die in erwärmtem Zustand nur einmal verformt werden können, dann aber in einen unlöslichen Zustand übergehen, also nicht mehr verformbar sind. Zu ihnen gehören die Phenoplaste und die Aminoplaste wie z. B. Bakelit.

Die dritte Gruppe, die Elastomere, sind Kunststoffe, die bei normalen Temperaturen elastisch wie Gummi sind. Zu dieser Gruppe gehören der vulkanisierte Naturkautschuk und die verschiedenen Kunstkautschukarten.

Was die Chemie sonst noch kann

Neben der organischen und der Kunststoffchemie gibt es eine Reihe weiterer Zweige der Chemie, ohne die unsere moderne Zivilisation undenkbar ist.

Wie hilft uns die Agrikultur-Chemie?

Im Mittelalter ließen die Bauern jedes Jahr eines von drei Feldern brachliegen, weil es so eine bessere Ernte brachte. Während dieses Jahres holte der Boden sich aus der Luft und dem Grundwasser die Stoffe zurück, die die Pflanzen vorher aus ihm herausgezogen hatten. Heute braucht kein Acker mehr ein Jahr lang brachzuliegen. Die Agrikulturchemiker (Landwirtschaftschemiker) wissen, welche Stoffe die Pflanzen aus dem Boden nehmen; diese Stoffe gibt man mit dem Kunstdünger dem Boden zurück.

Insekten zerstören jährlich Millionen Tonnen der Ernte. Das ist ein schwerer Verlust. Er würde aber noch bedeutend schwerer sein, wenn der Mensch die Insekten nicht bekämpfen könnte. Die Folge wären verheerende Hungersnöte. Heute verwenden die Bauern chemische Mittel, um die Insekten zu vernichten.

Früher standen US-Bauern manchmal vor einem Rätsel: Auf dem einen Hof waren die Rinder mager und schwächlich, auf dem Nachbarhof dagegen fett und gesund. Die Rinder auf beiden Höfen wurden mit Mais gefüttert und waren von derselben Rasse. Chemiker entdeckten, daß die gesunden Kühe mit Maiskolben gefüttert wurden, die noch ihre Hüllblätter hatten, die schwächlichen Tiere dagegen mit Maiskolben ohne Hüllblätter. Die Hüllblätter des Getreides enthalten Stoffe, die für die Gesundheit der Tiere wichtig sind. Als die schwächlichen Kühe mit den Maisblättern gefüttert wurden, wurden auch sie gesund — ein Erfolg der forschenden Chemie.

Die Nahrungsmittelchemiker suchen nach einer Möglichkeit, aus Seetang menschliche Nahrung zu gewinnen. Da die Bevölkerung der Welt ständig zunimmt, wird man im Meer künftig nicht nur nach Fischen, sondern auch nach anderer Nahrung suchen müssen.

Was ist anorganische Chemie?

Wir wissen, daß die organische Chemie die Chemie der Kohlenstoffe und die anorganische Chemie die Chemie aller anderen Elemente ist. Eine interessante Gruppe von Verbindungen, mit denen sich die anorganische Chemie befaßt, sind die Silicone. Wesentlichster Bestandteil dieser Verbindung ist das Element Silicium, das mit 25,8 Prozent nach Sauerstoff das zweithäufigste Element der Erdrinde ist. Silicium kann wie Kohlenstoff Verbindungen eingehen, die die Form langer Ketten haben.

Silicone sind gegen Wärme und Kälte

Blick in das wissenschaftliche Hauptlabor eines großen deutschen Chemie-Konzerns am Rhein. Forschung ist eine der wichtigsten Sparten der chemischen Industrie. Allein dieses Werk gab 1974 über 472 Mill. DM für die Forschung aus. Seit Bestehen des Werkes wurden 91 000 Patente angemeldet.

Elektronische Abtaster kontrollieren Tabletten-Streifen auf Verpackungsfehler. Die Pharma-Forschung gehört neben der Weltraumeroberung zu den teuersten und langwierigsten Forschungsgebieten. 6000 bis 10 000 Substanzen müssen geprüft werden, um einen Wirkstoff zu finden, der alle Bedingungen des gesuchten Medikaments erfüllt. Diese Suche dauert sechs bis acht Jahre und kostet zweistellige Millionenbeträge.

unempfindlich und sind wasserdicht. Aus Siliconen stellt man zum Beispiel Dichtungen, Stoßdämpfer und andere Teile von Maschinen her, die in Polarzonen gebraucht werden. Wasserdichte Mäntel sind mit Silicon behandelt.

Ohne die anorganische Chemie würde es weder kleine tragbare Radios noch riesige Rechenmaschinen geben. Beide Geräte wurden erst möglich, als man die herkömmlichen Elektronenröhren durch Transistoren ersetzen konnte. Transistoren bestehen aus Germanium oder Silicum. Als die anorganische Chemie diese Elemente noch nicht in reiner Form herstellen konnte, war es unmöglich, leistungsfähige Transistoren zu bauen.

Was ist Biochemie?

In jedem Teil des lebenden Körpers gehen ununterbrochen chemische Verwandlungen vor. Diese Prozesse zu erforschen, ist die Aufgabe der Biochemie. Die Biochemiker haben Hunderte von verwickelten chemischen Veränderungen erforscht; dennoch stehen sie erst am Anfang ihrer Untersuchungen.

Bei ihren Versuchen, Zusammensetzung, Aufbau und Stoffwechsel des Körpers zu erforschen, verwenden die Biochemiker in steigendem Maß „markierte" Elemente: Bestimmte Stoffe, zum Beispiel radioaktives Material, werden in die Körper gebracht; der Biochemiker kann aus dem Verhalten des markierten Elementes wichtige Rückschlüsse auf andere chemische Prozesse ziehen. Auch im Bereich des Mechanismus der Vererbung konnte die Biochemie bereits bedeutende Fortschritte erzielen.

Brasilianische Schulkinder werden gegen Meningitis (Gehirnhautentzündung) geimpft. Bis zu dieser Aktion starben täglich allein in Rio de Janeiro 15 Kinder an der Krankheit.

Was ist medizinische Chemie?

Die medizinische Chemie ist, genaugenommen, ein Zweig der Biochemie; sie befaßt sich aber besonders mit den Krankheiten des Körpers. Krankheiten lassen sich oft durch chemische Blut- oder Harnuntersuchungen feststellen.

Die Chemiker wissen recht genau, welche Verbindung in welchen Mengen im Blut und im Harn eines gesunden Menschen vorhanden sein müssen. Finden sie bei einer Blut- oder Harnuntersuchung zuviel oder zuwenig von einer bestimmten Verbindung oder finden sie gar etwas, was im Blut oder Harn überhaupt nicht vorhanden sein darf, wissen sie und weiß der Arzt, welches Organ nicht normal arbeitet.

So verläßt sich der Arzt bei seinen Untersuchungen der Kranken auf die Chemie. In vielen Fällen kann er heute sicher und schnell eine Diagnose stellen und eine Heilbehandlung vorschlagen, die noch vor wenigen Jahren unmöglich gewesen wäre. Wenn der Patient wieder gesund wird, ist es mit das Verdienst der Chemiker, die alles Wissen über die chemischen Vorgänge im menschlichen Körper sorgfältig gesammelt haben.

Warum entdecken die Chemiker so viel Neues?

Obwohl die Menschen sich schon vor 3000 Jahren gewisse chemische Fertigkeiten erworben haben, ist die Chemie eigentlich noch eine junge Wissenschaft. Gewiß – allein in der organischen Chemie kennt man bereits über eine Million verschiedener Verbindungen. Das heißt aber nicht, daß man nun keine neuen mehr finden kann. Jede neu entdeckte Verbindung bedeutet, daß man die bereits bekannten Stoffe mit dem neuen verbinden kann. Man kann also um so mehr herstellen, je mehr man hat. So werden immer wieder neue chemische Entdeckungen bekannt: Eine neue Faser mit Eigenschaften, die besser als Baumwolle, Wolle, Flachs und Seide sind, oder eine Arznei, die Krankheiten heilen kann, die bisher als unheilbar galten.

In der Landwirtschaft entdecken die Chemiker dauernd neue Möglichkeiten, Krankheiten und Schädlingsbefall der Pflanzen zu verhindern. Da die Bevölkerung der Erde schnell wächst – im Jahr 2000 werden wahrscheinlich rund 10 000 000 000 Menschen auf der Erde leben –, denken die Chemiker darüber nach, ob man das Chlorophyll und damit die Nahrung nicht direkt aus Wasser und Kohlendioxid herstellen kann. Man brauchte dann keine Pflanzen mehr anzubauen, von denen ja nur ein Teil für die Ernährung genutzt wird.

Alljährlich starten „Agrarflieger" in Hubschraubern und bestäuben die Weinberge an Mosel, Saar und Rhein mit chemischen Schutzstoffen gegen Schädlinge. In jedem Jahr werden rund 3400 Hektar Weinberge „behandelt".

Mit Insektengiften kämpfen Forstarbeiter im Harz gegen Millionen von Buchdruckern und ihre Larven. Buchdrucker sind vier Millimeter große Borkenkäfer, die sich auf den vom Novembersturm 1972 umgestürzten Bäumen ungewöhnlich vermehrt haben. Sie fressen die Bäume unter der Borke an und gefährden damit den Wald.

Apollo 16 mit Kommandant John Young auf dem Mond — ein Erfolg auch der Chemie.

Worin besteht die Verantwortung der Chemie?

Der Mensch hat gerade erst begonnen, den Weltraum zu erforschen. Ohne die starken, von der Chemie entwickelten Raketentreibstoffe wäre es nicht möglich gewesen, Menschen auf den Mond zu schießen. Um eines Tages vielleicht gar in fremde Welten vordringen zu können, müssen Chemiker noch stärkere Treibstoffe für noch schnellere Raketen entwickeln.

Chemiker werden auch in den Schulen und Hochschulen gebraucht. Sie müssen ihren Schülern nicht nur sagen, wie man Atome und Moleküle zu neuen chemischen Verbindungen vereinigt; sie müssen auch lehren, wie man die Wissenschaft der Chemie zum Wohl der Menschheit gebraucht. Der Chemiker hat besonders viele Möglichkeiten, das Leben der Menschen angenehmer und menschlicher zu machen. Er kann das menschliche Leben aber auch erschweren oder gar unmöglich machen: Sei es durch zunehmende und ungezügelte Umweltverschmutzung durch die Abfallstoffe der chemischen Industrie; sei es durch die Konstruktion neuer Waffen (Giftgas usw.) für die sogenannte „chemische Kriegsführung". Wie wir künftig leben werden, hängt also weitgehend von der Chemie ab. Dieser Verantwortung sollte sich jeder Chemiker bewußt sein.

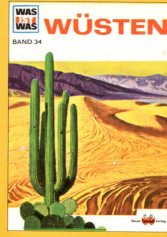
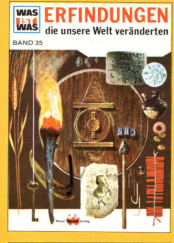
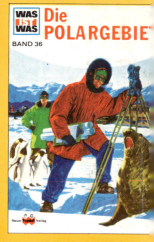

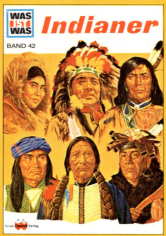
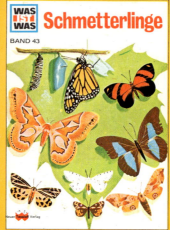

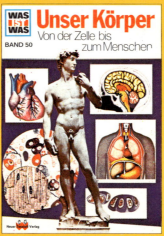
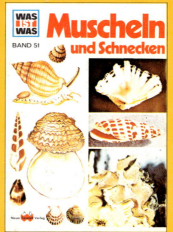

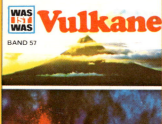